Ulrich Mählert & Stefan Wolle

METROPOL

Die DDR in der Erinnerungskultur

AUFARBEITUNG

Coming to Terms with the Communist Past in Germany

IMPRESSUM / *IMPRESS*

Ulrich Mählert & Stefan Wolle

Aufarbeitung. Die DDR in der Erinnerungskultur
Begleitband zur gleichnamigen Ausstellung
Aufarbeitung. Coming to Terms with the Communist Past in Germany
Companion volume to the eponymous exhibition

Herausgegeben von der Bundesstiftung zur Aufarbeitung der SED-Diktatur
Published by the Federal Foundation for the Study of the Communist Dictatorship in Eastern Germany

Einbandgestaltung / *Cover design*:	Thomas Klemm, Leipzig, Frank Kirchner, ultramarinrot, Berlin
Umschlagfoto / *Cover photo:*	picture alliance / dpa / Arno Burgi
Satz / *Layout:*	Frank Kirchner, ultramarinrot, Berlin, in Anlehnung an die Ausstellungsgestaltung von Thomas Klemm, Leipzig / *based on the exhibition design by Thomas Klemm, Leipzig*
Druck / *Printed by:*	Aalexx Druckproduktion, Großburgwedel
ISBN:	978-3-86331-715-7
Verlag / *Publisher:*	Metropol Verlag, Berlin 2023 Ansbacher Str. 70 10777 Berlin Germany www.metropol-verlag.de

Die Ausstellung können Sie online bestellen unter / *You can order the exhibition online at*

www.bundesstiftung-aufarbeitung.de/DieAusstellung2023

INHALT / CONTENT

Begleitband zur Ausstellung

Der vorliegende Band präsentiert die Bilder und Texte der Ausstellung „Aufarbeitung. Die DDR in der Erinnerungskultur“. Ihre Autoren sind Dr. Ulrich Mählert von der Bundesstiftung Aufarbeitung und Dr. Stefan Wolle, Wissenschaftlicher Direktor des DDR-Museums in Berlin. Die Historiker haben gemeinsam 110 Fotos und Dokumente für die Schau ausgewählt. „Aufarbeitung“ ist ein Beitrag zur Geschichte des wiedervereinigten Deutschlands. Die Ausstellung wirft Schlaglichter auf die Auseinandersetzung mit der kommunistischen Diktatur und der deutschen Teilung seit 1989. In diesem Buch verlinken QR-Codes auf kurze Filmdokumente, die die Inhalte der Kapitel ergänzen und die mit dem Smartphone auf YouTube abgespielt werden können. Herausgeber der Ausstellung ist die Bundesstiftung zur Aufarbeitung der SED-Diktatur. Dort teilten sich Clara Marz und Dr. Ulrich Mählert das Projektmanagement. Die Ausstellung „Aufarbeitung“ kann bei der Bundesstiftung als Poster-Set im Format DIN A1 für die schulische und außerschulische Bildungsarbeit bestellt werden. Darüber hinaus steht die Schau in weiteren Formaten sowie Sprachfassungen für die Kulturarbeit im In- und Ausland zur Verfügung.

▸ www.bundesstiftung-aufarbeitung.de/dieausstellung2023

Companion Volume to the Exhibition

This volume presents the images and texts of the exhibition "Aufarbeitung. Coming to Terms with the Communist Past in Germany". Its authors are Dr Ulrich Mählert from the Federal Foundation for the Study of the Communist Dictatorship in Germany and Dr Stefan Wolle, Scientific Director of the GDR Museum in Berlin. The historians jointly selected 110 photos and documents for display. "Aufarbeitung" is a contribution to the history of reunified Germany. The exhibition sheds light on the efforts since 1989 to reckon with the communist dictatorship and German division. In this book, QR codes link to short film documents that complement the content of the chapters and can be played on YouTube using a smartphone. The exhibition has been organised by the Federal Foundation for the Study of the Communist Dictatorship. There, Clara Marz and Dr Ulrich Mählert were the co project managers. The exhibition "Aufarbeitung" can be ordered from the Federal Foundation as a poster set in DIN A1 format for educational activities in and out of school. In addition, the exhibition is available in other formats as well as languages for cultural work at home and abroad.

► www.bundesstiftung-aufarbeitung.de/dieausstellung2023

Gedächtnis
Memory

„Der Kampf des Menschen gegen die Macht ist der Kampf des Gedächtnisses gegen das Vergessen“, schrieb der tschechische Schriftsteller Milan Kundera, der 1977 seine Heimat verlassen musste. Die Völker Osteuropas haben ein gutes Gedächtnis für die fremden und eigenen Unterdrücker, die sich in ihren Ländern die Klinke in die Hand gegeben haben. Ihre Freiheitsbewegungen waren stets von einem großen Geschichtsbewusstsein geprägt: So war es während des Prager Frühlings 1968, als erstmals öffentlich über die Verbrechen der Stalinzeit gesprochen wurde. So war es in Polen am 16. Dezember 1980, als die Gewerkschaftsbewegung Solidarność in Gdańsk ein Denkmal zur Erinnerung an den Arbeiteraufstand von 1970 einweihte. Und so war es am 23. August 1989 in den baltischen Staaten, als eine Menschenkette von Tallinn bis Vilnius an den Hitler-Stalin-Pakt erinnerte, der diese Länder 50 Jahre zuvor unter die Herrschaft der Sowjetunion gezwungen hatte. Auch in der DDR kehrten im Herbst 1989 die verschwiegenen Kapitel der Geschichte in die öffentliche Debatte zurück. Freiheit ist immer auch die Freiheit der Erinnerung.

The struggle of man against power is the struggle of memory against forgetting," wrote the Czech writer Milan Kundera, who had to leave his homeland in 1977. The peoples of Eastern Europe have a good memory of the oppressors, both foreign and their own, who have taken up arms in their countries. Their freedom movements have always been marked by a great awareness of history: so it was during the Prague Spring in 1968, when the crimes of the Stalin era were spoken about publicly for the first time. So it was in Poland on 16 December 1980, when the Solidarność trade union movement inaugurated a monument in Gdańsk to commemorate the 1970 workers' uprising. And so it was in the Baltic states on 23 August 1989, when a human chain from Tallinn to Vilnius commemorated the Hitler-Stalin Pact that had forced these countries under the rule of the Soviet Union 50 years earlier. In the GDR, too, the forgotten chapters of history returned to public debate in the autumn of 1989: freedom is always also the freedom of memory.

1 Berlin, 2. März 2014. Mehr als 200 Menschen protestieren gegen einen möglichen Militäreinsatz Russlands in der Ukraine. Das Transparent erinnert an sowjetische Interventionen in der Vergangenheit.
Berlin, 2 March 2014. More than 200 people protest against a possible military intervention by Russia in Ukraine. The banner is reminiscent of Soviet interventions in the past.

2 Danzig, 12. Juni 1987. Papst Johannes Paul II. betet am Denkmal für die Opfer des Arbeiteraufstandes vom Dezember 1970. Dessen Errichtung hatte die seit 1981 verbotene unabhängige Gewerkschaft Solidarność durchgesetzt.
Gdansk, 12 June 1987: Pope John Paul II prays at the memorial to the victims of the workers' uprising of December 1970, which had been erected by the independent trade union Solidarność, banned since 1981.

2

3

4

5

3 Am 23. August 1989, dem 50. Jahrestag des Hitler-Stalin-Paktes, demonstrieren Litauer, Letten und Esten mit einer 600 Kilometer langen Menschenkette für nationale Unabhängigkeit.
On 23 August 1989, the 50th anniversary of the Hitler-Stalin Pact, Lithuanians, Latvians and Estonians demonstrate for national independence with a 600-kilometre-long human chain.

4 „Geschichte erkennen = Archive öffnen". Bereits bei der Großdemonstration auf dem Alexanderplatz am 4. November 1989 fordern Bürger die Öffnung der Archive.
"Recognising history = opening archives". Already at the large demonstration on Alexanderplatz on 4 November 1989, citizens demand the opening of the archives.

5 Die Büste des ersten tschechoslowakischen Präsidenten Tomáš Garrigue Masaryk wird am 11. Dezember 1989 im mährischen Jevíčko freigelegt, wo sie 50 Jahre lang versteckt war.
The bust of the first Czechoslovak President Tomáš Garrigue Masaryk is uncovered on 11 December 1989 in Jevíčko, Moravia, where it had been hidden for 50 years.

VIDEO

Dr. Jacek Kołtan vom Europäischen Solidarność-Zentrum erläutert die Geschichte des Denkmals für die 1970 in Danzig gefallenen Werftarbeiter.
Dr Jacek Kołtan from the European Solidarność Centre explains the history of the monument to the shipyard workers who were killed in Gdansk in 1970.
YouTube / Europejskie Centrum Solidarności, 5:27 Min.

6 In einer sowjetischen Kaserne in Berlin-Karlshorst werden auf Schautafeln die Einsätze des Garderegiments der Roten Armee heroisiert, das u. a. 1956 in Ungarn und 1968 in der Tschechoslowakei einmarschiert war.
In a Soviet barracks in Berlin's Karlshorst district, displays heroise the Red Army Guard Regiment's operations, including in Hungary in 1956 and in Czechoslovakia in 1968, where uprisings were put down.

Verwirrung
Confusion

Weihnachten 1989, eine weiße Schneedecke lag über dem Land. Draußen friedliche Stille, doch in der Familie flogen die Fetzen. „Niemals werden die Siegermächte die Wiedergeburt Großdeutschlands zulassen", war sich der Familienvater sicher. Schlimmste Erinnerungen an seine Jugend wurden wach, als er die vielen Sprechchöre in Leipzig, Dresden und anderswo „Deutschland, Deutschland" rufen hörte. Seine Frau hoffte noch immer auf einen deutschen Gorbatschow, der die DDR reformieren und fit für die Zukunft machen würde. „Diktatur bleibt Diktatur", wandte die Tochter, die ewige Skeptikerin, ein. „Letztlich sind wir ein Volk", murmelte der Bruder und schlüpfte ins Weihnachtsmannkostüm.

In diesen Tagen beschmierten Unbekannte das sowjetische Ehrenmal in Berlin-Treptow mit hässlichen Sprüchen. Offenbar wollten sie den russischen Bären aus dem Winterschlaf wecken. Seine schwere Pranke war die letzte Hoffnung der SED-PDS, die für den 3. Januar 1990 zur Demonstration gegen Rechts trommelte. Es ging in diesen Tagen um die Zukunft – und alle redeten von der Vergangenheit.

Christmas 1989, a white blanket of snow lay over the countryside. Peaceful silence outside, but in the family the sparks were flying. "The victorious powers will never allow the rebirth of Greater Germany," the father of the family was sure. The worst memories of his youth were awakened when he heard the many chants of "Germany, Germany" in Leipzig, Dresden and elsewhere. His wife still hoped for a German Gorbachev who would reform the GDR and make it fit for the future. "Dictatorship remains dictatorship," objected the daughter, the eternal sceptic. "At the end of the day, we are one people," muttered the brother, slipping into his Father Christmas costume.

At that time, unknown persons graffitied the Soviet memorial in Berlin's Treptow district with ugly slogans. Apparently they wanted to wake the Russian bear from hibernation. His heavy paw was the last hope of the SED-PDS, which called for demonstrations against the right to be held on 3 January 1990. It was all about the future in those days – and everyone was talking about the past.

1 Am 3. Dezember 1989 fordern die Teilnehmer einer Menschenkette die Erneuerung der DDR. Der Radfahrer hingegen wirbt für die sofortige Wiedervereinigung Deutschlands.
On 3 December 1989, participants in a human chain call for the renewal of the GDR. The cyclist, on the other hand, campaigns for the immediate reunification of Germany.

2 Bundeskanzler Helmut Kohl (CDU) wird am 19. Dezember 1989 bei seinem Besuch in Dresden vor der Kreuzkirche von der wartenden Menge bejubelt.
Federal Chancellor Helmut Kohl (CDU) is cheered by the waiting crowd in front of the Kreuzkirche during his visit to Dresden on 19 December 1989.

3 In der Nacht zum 28. Dezember 1989 werden Parolen wie „Besatzer raus" und „Sprengt das letzte Völkergefängnis, sprengt die UdSSR" auf das Sowjetische Ehrenmal in Treptow in Ost-Berlin geschmiert. Viele vermuten die Stasi hinter der Aktion.
On the night of 28 December 1989, slogans such as "Occupiers out" and "Blow up the last prison of nations, blow up the USSR" are smeared on the Soviet Memorial in Treptow in East Berlin. Many suspected the Stasi was behind the action.

2

3

4

Arbeiter macht die Augen auf laßt nicht alles seinen Lauf
umher wir Arbeiter setzen uns zur Wehr!
Runder Tisch
Wir Bauarbeit
Retten Dich
+STAS
= DIKTA

4 Am 3. Januar 1990 folgen 250.000 Menschen dem Aufruf der SED-PDS, am Sowjetischen Ehrenmal gegen „Neofaschismus und Antisowjetismus“ zu demonstrieren. Die Schmierereien von Ende Dezember sollen als Vorwand dienen, die Arbeit der Stasi unter neuem Namen fortzusetzen.
On 3 January 1990, 250,000 people follow the call of the SED-PDS to demonstrate at the Soviet Memorial against “neo-fascism and anti-Sovietism”. The smearings of late December are to serve as an excuse to continue the work of the Stasi under a new name.

5 Ost-Berlin, 11. Januar 1990. Bauarbeiter unterstützen die neuen politischen Gruppen und Parteien am Runden Tisch mit einer Demonstration.
East Berlin, 11 January 1990. Construction workers support the new political groups and parties at the Round Table with a demonstration.

VIDEO

Ausschnitt aus der Tagesschau vom 3. Dezember 1989.
Daytime news excerpt from 3 December 1989.
YouTube / Klaus Dreikopf, 9:26 Min.

5

6 „Beim nächsten Mal wird alles besser". Graffiti auf dem Marx-Engels-Denkmal im Zentrum Ost-Berlins 1990.
"Everything will be better next time." Graffiti on the Marx-Engels monument in the centre of East Berlin in 1990.

Offenlegung
Disclosure

„Herr Mielke, wo ist meine Akte?“, hatte ein Demonstrant in jener turbulenten Nacht des 15. Januar 1990 auf die grauen Schaltkästen gegenüber dem Haupteingang der Stasizentrale in Berlin-Lichtenberg geschrieben. Nach der ersten Besetzung einer Bezirksverwaltung des Ministeriums für Staatssicherheit (MfS) am 4. Dezember 1989 in Erfurt war nun die Hauptstadt an der Reihe.

Das Neue Forum hatte zur Demonstration aufgerufen. Wer auch immer das Tor öffnete, am Abend strömten tausende Bürger friedlich über das Gelände. Nur einige Türen und Blumentöpfe gingen zu Bruch, und im Friseursalon tobten sich ein paar Radaubrüder aus.

Die Offenlegung der Akten wurde zur politischen Tagesaufgabe. Die Demonstranten verfolgten zwei Ziele: Dem Unterdrückungsapparat für immer das Handwerk zu legen und die Menschen wissen zu lassen, wie die Stasi in ihr Leben eingegriffen hatte. Das war schwieriger als gedacht. Die Inschrift auf den Schaltkästen wurde für die kleine Schar der Stasiaufarbeiter zur täglichen Mahnung, in ihrem Aufklärungswillen nicht nachzulassen.

“Mr Mielke, where is my file?” a demonstrator had written on the grey switch boxes opposite the main entrance of the Stasi headquarters in the Berlin district of Lichtenberg on that turbulent night of 15 January 1990. After the first occupation of a district administration of the Ministry for State Security (MfS) on 4 December 1989 in Erfurt, it was now the capital's turn.

The New Forum had called for a demonstration. Whoever had opened the gate, in the evening thousands of citizens streamed peacefully across the grounds. Only a few doors and flower pots were broken, and in the hairdresser's salon a couple of rowdies went on a rampage.

The disclosure of the files became the political task of the day. The demonstrators pursued two goals: to put a stop to the repressive apparatus forever and to let people know how the Stasi had interfered in their lives. This was more difficult than expected. The inscription on the switch boxes became a daily reminder for the small band of Stasi workers not to slacken in their will to enlighten.

1 „Herr Mielke, wo ist meine Akte?“. Graffiti auf einem Stromkasten gegenüber dem ehemaligen Ministerium für Staatssicherheit in Berlin-Lichtenberg.
“Mr Mielke, where is my file?” Graffiti on an electricity box opposite the former Ministry for State Security in Berlin's Lichtenberg district.

2 Leipzig, 4. Dezember 1989. Demonstration vor der Stasi-Zentrale im Rahmen der Montagsdemonstration. Auf dem Hof verfolgen Uniformierte das Geschehen.
Leipzig, 4 December 1989. Demonstration in front of the Stasi headquarters as part of the Monday demonstration. Uniformed officers watch what is happening in the courtyard.

3 Leere Aktenordner in der MfS-Bezirksverwaltung Rostock. Anfang Dezember 1989 beginnt in allen Stasi-Dienststellen eine groß angelegte Aktenvernichtung, die erst nach der Besetzung der Objekte durch die Bürgerkomitees gestoppt wird.
Empty files in the MfS Rostock district administration. At the beginning of December 1989, a large-scale destruction of files begins in all Stasi offices, which is only stopped after the occupation of the premises by the Citizens' Committees.

2

3

An alle Stasi
und vor allem
Alltagsdenunzianten
hier, Können Sie Ihre
Hände in Unschuld

4

5

4 „An alle Stasi und vor allem Alltagsdenunzianten – hier können Sie Ihre Hände in Unschuld waschen“. Eine Kunstinstallation von Reinhard Zabka steht Ende Januar 1990 für die beginnende Stasi-Debatte.
"To all Stasi and especially everyday informers – here you can wash your hands of it." An art installation by Reinhard Zabka stands for the incipient Stasi debate at the end of January 1990.

5 Der Stasi-Dokumentenband „Ich liebe euch doch alle“ von Armin Mitter und Stefan Wolle wird zum letzten Bestseller der DDR. Seit dem 14. März 1990 wird das Buch auf der Straße verkauft und findet reißenden Absatz, so auch am 3. Mai 1990 in Berlin.
The Stasi document volume Ich liebe euch doch alle (But I love all people) by Armin Mitter and Stefan Wolle becomes the last bestseller of the GDR. The book has been sold on the streets since 14 March 1990 and sells like hot cakes, like here in Berlin on 3 May 1990.

VIDEO

Sturm auf die Stasi-Zentrale.
Storming the Stasi headquarters
YouTube / ARD-Mittagsmagazin, 2:37 Min.

6 Die erste Ausstellung zur Stasi-Geschichte in Leipzig ist ein Besuchermagnet. Veranstalter ist das Bürgerkomitee, das die Auflösung des Geheimdienstes in der Messestadt überwacht.
The first exhibition on the history of the Stasi in Leipzig is a magnet for visitors. The organiser is the Citizens' Committee, which oversees the dissolution of the secret service in the trade fair city.

Störungen
Disruptions

Der Umbruch von 1989/90 wird heute als Friedliche Revolution bezeichnet. Es war aber auch eine fröhliche Revolution. Die große Demonstration auf dem Ost-Berliner Alexanderplatz am 4. November 1989 war eine Sternstunde des Volkswitzes. Fünf Tage später, in der Nacht des Mauerfalls, knallten die Sektkorken und auf dem West-Berliner Ku'damm wurde bis zum Morgengrauen getanzt. Es herrschte Erleichterung, nicht Verbitterung. Für einen Moment sah es so aus, als seien die Wunden nicht allzu tief, die das SED-System geschlagen hatte.

Doch dann meldeten sich ehemals Verfolgte zu Wort. Sie berichteten von der Zersetzung durch die Stasi und langen Haftstrafen unter schrecklichen Bedingungen. Im Osten hatten sie schweigen müssen – und im Westen als Kalte Krieger gegolten. Sie machten die Orte des politischen Terrors öffentlich. Und sie setzten sich dafür ein, dass die Gefängnisse in Hohenschönhausen, Bautzen, Cottbus und anderswo zu Orten der Erinnerung wurden.

Today the upheaval of 1989/90 is called the Peaceful Revolution. But it was also a happy revolution. The large-scale demonstration on Alexanderplatz in East Berlin on 4 November 1989 was a great moment of popular humour. Five days later, on the night the Wall came down, the champagne corks were popping and people were dancing until dawn on the Ku'damm in West Berlin. There was relief, not bitterness. For a moment it looked as if the wounds inflicted by the SED system were not too deep.

But then former persecutees spoke out. They reported on the Stasi's subversion and long prison sentences under terrible conditions. In the East they had been forced to remain silent – and in the West they were considered Cold Warriors. They made the places of political terror public. And they campaigned for the prisons in Hohenschönhausen, Bautzen, Cottbus and elsewhere to become places of remembrance.

1 Oranienburg bei Berlin 1991. Blick auf Steinbaracken außerhalb des Geländes der Nationalen Mahn- und Gedenkstätte Sachsenhausen. Diese Baracken hatten ab 1941 als KZ-Sonderlager für prominente Häftlinge gedient. Nach 1945 waren sie Teil des sowjetischen Speziallagers, dessen Geschichte in der DDR bis 1989 tabuisiert wurde.
Oranienburg near Berlin in 1991. View of stone barracks outside the grounds of the Sachsenhausen National Memorial. These barracks had served as a special concentration camp for prominent prisoners from 1941. After 1945 they were part of the Soviet special camp, whose history was a taboo in the GDR until 1989.

2 Berliner aus Ost und West feiern am 10. November 1989 den Fall der Berliner Mauer.
Berliners from East and West celebrate the fall of the Berlin Wall on 10 November 1989.

3 Im Schmachtenhagener Forst bei Oranienburg werden 1990 Massengräber markiert, in denen die Opfer des sowjetischen Speziallagers anonym verscharrt wurden.
In Schmachtenhagener Forst near Oranienburg in 1990, mass graves are marked where the victims of the Soviet special camp were anonymously buried.

2

3

4

5

4 Erster ökumenischer Gottesdienst im ehemaligen Lager Fünfeichen bei Neubrandenburg. Im Zweiten Weltkrieg als Kriegsgefangenenlager eingerichtet, wurde es nach 1945 von der sowjetischen Besatzungsmacht als Speziallager genutzt.
First ecumenical service in the former Fünfeichen camp near Neubrandenburg. Set up as a prisoner of war camp during the Second World War, it was used as a special camp by the Soviet occupation forces after 1945.

5 Von den Haftbedingungen in den sowjetischen Speziallagern gibt es keine Fotos. So bleiben neben den Erinnerungen von Zeitzeugen nur Zeichnungen wie das Aquarell von Detlev Putzar, das das Durchgangstor zur Zone II im Speziallager Sachsenhausen zeigt.
There are no photos of prison conditions in the Soviet special camps. Thus, apart from the memories of contemporary witnesses, only drawings remain, such as the watercolour by Detlev Putzar showing the gateway to Zone II in the Sachsenhausen special camp.

VIDEO

Sowjetische Internierungslager.
Soviet internment camps
Panorama vom 3.3.1990/daserstendr.de, 10:03 Min.

6 Außenansicht des ehemaligen Gefängnisses Fort-Zinna in Torgau von 1996. 1939 bis 1945 Militärgefängnis, 1945 bis 1948 sowjetisches Speziallager, danach Jugendgefängnis und ab 1964 Standort des berüchtigten Geschlossenen Jugendwerkhofes Torgau.
Exterior view of the former Fort-Zinna prison in Torgau from 1996. 1939 to 1945 military prison, 1945 to 1948 Soviet special camp, then juvenile prison and from 1964 the site of the notorious Torgau closed juvenile detention centre.

Wisch und weg
Wipe and away

Wer zu DDR-Zeiten in Halle (Saale) den Hauptbahnhof verließ, betrat zunächst die Straße der Deutsch-Sowjetischen Freundschaft. Stadteinwärts hießen ihn vier riesige, zum proletarischen Gruß gereckte Betonfäuste willkommen. Der kreisrunde Platz davor war nach dem 1944 von den Nationalsozialisten ermordeten KPD-Vorsitzenden Ernst Thälmann benannt. Weiter ging es durch die Klement-Gottwald-Straße, die an den ersten kommunistischen Präsidenten der Tschechoslowakei erinnerte. Bog man nicht in den Leninpark ab, erreichte man schließlich den Marktplatz mit dem Roten Turm.

Ein ähnlicher Spaziergang durch die Geschichte des Kommunismus bot sich auch in anderen ostdeutschen Städten, sodass man sich kaum etwas dabei dachte. Erst mit dem Mauerfall drang die Peinlichkeit ins Bewusstsein. Schnell wurden die Straßen umbenannt. Für die Betonfäuste schlug 2003 das letzte Stündlein. Sie wurden abgerissen. Nur der Rote Turm überstand das Großreinemachen – seinen Namen behielt er wie seit Jahrhunderten, weil zu seinen Füßen einst das „Blutgericht“ abgehalten worden war.

In GDR times, anyone leaving the main railway station in Halle (Saale) first entered the Straße der Deutsch-Sowjetischen Freundschaft (Street of German-Soviet Friendship). Four huge concrete fists raised in a proletarian salute welcomed them into the city. The circular square in front of them was named after the Communist party chairman Ernst Thälmann, who was murdered by the Nazis in 1944. We continued along Klement-Gottwald Street, which commemorated the first Communist president of Czechoslovakia. If you did not turn into Lenin Park, you finally reached the market square with the Red Tower.

A similar walk through the history of Communism was possible in other East German cities and people thought little of it. Only with the fall of the Wall did the embarrassment penetrate the consciousness. The streets were quickly renamed. For the concrete fists, 2003 was the last hour. They were demolished. Only the Red Tower survived the major clearance – it kept its name, as it had for centuries, because the “Blood Court” had once been held at its feet.

1 Halle (Saale), 24. Juli 2003. Ein Bagger zertrümmert die „Fäuste“ auf dem Riebeckplatz. Zuvor waren die Pläne eines Vereins, das „Monument der revolutionären Arbeiterbewegung“ in einem „Nostalgiepark“ aufzustellen, an der Finanzierung gescheitert.
Halle (Saale), 24 July 2003. An excavator smashes the Fists on Riebeckplatz. Previously, the plans of an association to erect a monument to the revolutionary workers' movement in a “nostalgia park” had failed due to a lack of funding.

2 Berlin 1991. Aus der Leninallee wird die Landsberger Allee. Die Dimitroffstraße wird in Danziger Straße umbenannt.
Berlin 1991. Leninallee becomes Landsberger Allee. Dimitroffstraße is renamed Danziger Straße.

3 In der anhaltischen Kreisstadt Stendal wird am 17. September 1991 das Lenin-Denkmal vom Sockel gehoben und zur Zwischenlagerung in ein Depot gebracht. Das Monument war der Stadt 1969 von der örtlichen sowjetischen Garnison geschenkt worden.
In the Anhalt district town of Stendal, the Lenin monument is lifted from its pedestal on 17 September 1991 and taken to a depot for temporary storage. The monument had been donated to the city by the local Soviet garrison in 1969.

2

Landsberger Allee
Leninallee
Dimitroffstraße
Bezirksamt Friedrichshain
von Berlin
-Tiefbauamt-

3

Service und Zuverlässigkeit

4

Im Jahre 1993 wurde die
„Rosa-Luxemburg-Straße"
aus wirtschaftlichen Erwägungen
in Straße „Zur Seebrücke" umbenannt,
um damit die Lage im Ort
deutlich werden zu lassen.
Doch beschloß die Gemeindevertretung,
den Namen Rosa Luxemburg nicht einfach
zu streichen, sondern ein bleibendes
offentliches Andenken zu erhalten.
Der Bildhauer Axel Peters hat
von 1995 bis 1998 diese
„Rosa Luxemburg Erinnerung"
geschaffen.
Moglich wurde dies erst durch
das großzügige Sponsoring
der Nord-Verwaltungsgesellschaft mbH,
der Nord-Architektur-Design- und
Planungsbüro GmbH
und des Tourismus- und Kurbetriebes
Graal-Muritz.
Graal-Muritz, den 15. Januar 1998

5

4 1993 wird aus der Rosa-Luxemburg-Straße in Graal-Müritz „aus wirtschaftlichen Erwägungen“ die Straße „Zur Seebrücke“. Seit 1998 zeugt das Denkmal von dem Beschluss der Gemeindevertretung, der Sozialistin „ein bleibendes öffentliches Andenken zu erhalten“.
In 1993, Rosa-Luxemburg-Straße in Graal-Müritz is renamed “Zur Seebrücke” “for economic reasons”. Since 1998, the monument bears testimony to the decision by the municipal council to “preserve a lasting public memory” of the Socialist.

5 Zwei Touristen aus Rheinland-Pfalz bestaunen im August 2007 im brandenburgischen Zechin die Umbenennung eines Teils der Hauptstraße in Wilhelm-Pieck-Straße. Damit wird an den ersten Präsidenten der DDR erinnert, der dort in jungen Jahren als Tischler gearbeitet hat.
Two tourists from Rhineland-Palatinate marvel at the renaming of part of the main street in Zechin, Brandenburg, as Wilhelm-Pieck-Straße in August 2007. This is in memory of the first President of the GDR, who worked there as a carpenter in his younger years.

VIDEO

Kopf Faust Fahne – Perspektiven auf dasThälmanndenkmal.
Head Fist Flag – Perspectives on the Thälmann Monument
YouTube/Koberstein Film, 2:04 Min.

6 Halle (Saale) in den frühen Morgenstunden des 3. Oktober 2021: Auf dem Marktplatz ist alles für den Tag der Deutschen Einheit vorbereitet. Von Scheinwerfern angestrahlt, macht der „Rote Turm“ seinem Namen alle Ehre.
Halle (Saale) in the early hours of 3 October 2021: Everything is prepared on the market square for the Day of German Unity. Illuminated by spotlights, the Red Tower lives up to its name.

Parlamentsarbeit
Parliamentary work

„Wer soll das alles lesen", seufzte der Vorsitzende der Enquetekommission Rainer Eppelmann, als er vom Umfang der Dokumentation erfuhr. Genau 15.187 Seiten waren es, die 1995 in 18 Teilbänden unter dem Titel „Aufarbeitung von Geschichte und Folgen der SED-Diktatur in Deutschland" erschienen.

Die am 19. März 1992 eingesetzte und im Mai 1994 mit einem Abschlussbericht beendete Bundestagskommission setzte sich aus Abgeordneten aller Fraktionen, Wissenschaftlern und Bürgerrechtlern zusammen. Natürlich gab es Befürchtungen, dass in einer parlamentarischen Kommission die historische Wahrheit dem Parteienstreit zum Opfer fallen könnte. Diese Sorge erwies sich jedoch als unbegründet. Die Fraktionen hatten vor allem ihre Ost-Abgeordneten ins Feld geschickt, und die fanden schneller zueinander als erwartet. Die Protokolle und Expertenberichte sind weniger Bettlektüre als Steinbruch für künftige Forschungen. Das gilt auch für die Dokumentation der zweiten Enquetekommission, die sich von 1995 bis 1998 dem Prozess der Wiedervereinigung widmete.

"Who is supposed to read all this?" sighed the Chairman of the Commission of Inquiry, Rainer Eppelmann, when he learned of the magnitude of the documentation. Exactly 15,187 pages were published in 1995 in 18 volumes under the title Coming to Terms with the History and Consequences of the SED Dictatorship in Germany.

The Bundestag Commission, which was set up on 19 March 1992 and concluded with a final report in May 1994, was composed of Members of the Bundestag from all parliamentary parties, academics and civil rights activists. Naturally, there were fears that in a parliamentary commission the historical truth could fall victim to party strife. However, this concern proved to be unfounded. The parliamentary groups had mainly sent their deputies from the East into the field, and they found each other faster than expected. The minutes and expert reports are less bedtime reading than quarry for future research. This also applies to the documentation of the second commission of enquiry, which was dedicated to the process of reunification from 1995 to 1998.

1 Bundestagspräsident Wolfgang Thierse und der Vorsitzende der Enquetekommission „Überwindung der Folgen der SED-Diktatur im Prozess der deutschen Einheit" (1994–1998), Rainer Eppelmann, MdB, stellen die zwölfbändige Dokumentation der Kommissionsmaterialien vor.
Bundestag President Wolfgang Thierse and the Chairman of the Commission of Inquiry In Overcoming the Consequences of the SED Dictatorship in the Process of German Unity (1994 1998), Rainer Eppelmann, Member of the Bundestag, present the twelve-volume documentation of the Commission's materials.

2 Die Zeit der deutschen Teilung und das Zusammenwachsen des vereinigten Deutschlands stehen in den 1990er Jahren regelmäßig auf der Tagesordnung des Deutschen Bundestages. Am 21. Juni 1991 jubelt die Bild-Zeitung über die Entscheidung des Parlaments, den Regierungssitz nach Berlin zu verlegen.
The period of German division and the growing together of a united Germany are regular items on the agenda of the German Bundestag in the 1990s. On 21 June 1991, the Bild newspaper rejoices at the parliament's decision to move the seat of government to Berlin.

3 Bundeskanzler Helmut Kohl und der vormalige SPD-Vorsitzende Hans-Jochen Vogel am 4. November 1993 bei einer Anhörung der Bundestags-Enquetekommission „Aufarbeitung von Geschichte und Folgen der SED-Diktatur in Deutschland", im Berliner Reichstagsgebäude.
Federal Chancellor Helmut Kohl and former SPD leader Hans-Jochen Vogel on 4 November 1993 at a hearing of the Bundestag Commission of Inquiry on Coming to Terms with the History and Consequences of the SED Dictatorship in Germany, in the Reichstag building in Berlin.

2

Berlin! Ja!
337:320
Millionen
reingelegt
Krank
Der Reiseproviant für Ihren Motor.

3

Auf in die Zukunft ...
ber nicht auf roten Socken!
CDU
Zukunft statt Linksfront
SICHER IN DIE ZUKUNFT
CDU
Auf in die Zukunft ...
aber nicht auf roten Socken!
CDU
SICHER IN DIE ZUKUNFT
CDU
DIE ZUKUNFT
CDU

5

4

4 Der Vorsitzende der Enquetekommission „Aufarbeitung von Geschichte und Folgen der SED-Diktatur“ Rainer Eppelmann, CDU/CSU, MdB, im Gespräch mit Markus Meckel, MdB, dem Obmann der SPD-Vertreter in der Kommission.
The Chairman of the Commission of Inquiry on Coming to Terms with the History and Consequences of the SED Dictatorship, Rainer Eppelmann, CDU/CSU, Member of the Bundestag, in conversation with Markus Meckel, Member of the Bundestag and the SPD representative in the Commission.

5 „Auf in die Zukunft … aber nicht auf roten Socken“ steht auf einem Wahlplakat, das CDU-Generalsekretär Peter Hintze am 18. Juli 1994 in Bonn den Medien vorstellt. Es wirft der SPD vor, auf Bundesebene mit der postkommunistischen PDS koalieren zu wollen.
“Off into the future … but not in red socks” is emblazoned on an election poster presented to the media by CDU Secretary General Peter Hintze in Bonn on 18 July 1994. It accuses the SPD of wanting to form a coalition with the post-Communist PDS at federal level.

VIDEO

Rückblick auf die Enquetekommissionen durch ehemalige Mitwirkende (2018).
Review of the Commissions of Inquiry by former contributors (2018)
YouTube / Bundesstiftung Aufarbeitung, 8:47 Min.

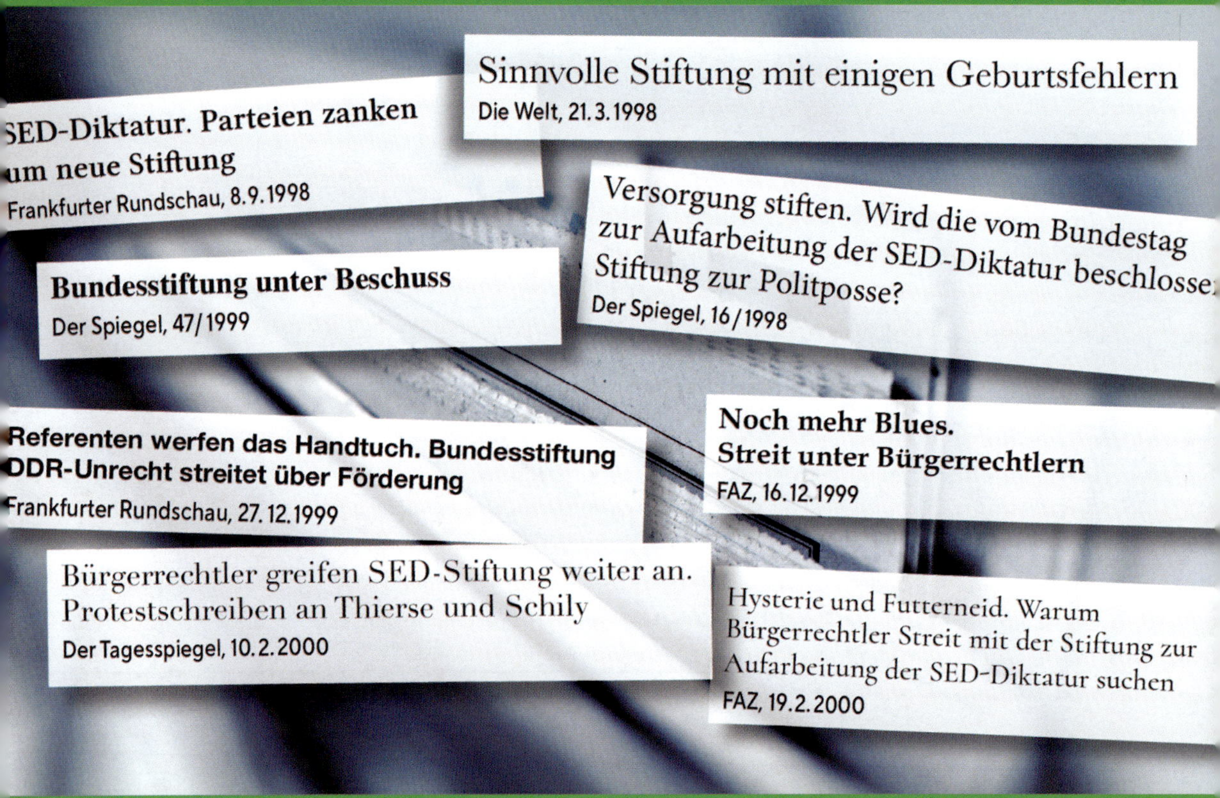

6 Aller Anfang ist schwer. Auf Empfehlung der zweiten Enquetekommission verabschiedet der Deutsche Bundestag das „Gesetz über die Errichtung einer Stiftung zur Aufarbeitung der SED-Diktatur", das am 13. Juni 1998 in Kraft tritt.
All beginnings are difficult. On the recommendation of the second Commission of Inquiry, the German Bundestag passes the Law on the Establishment of a Foundation for the Reappraisal of the SED Dictatorship, which comes into force on 13 June 1998.

Ab nach Bautzen...
z.B. zum
Theatersommer
auf der Ortenburg
Wenn Sie mehr wissen wollen:
03591-492 492
Holiday Inn
Bautzen

Unort
Unort

In seiner „Stasi-Ballade“ von 1974 versichert Wolf Biermann den „Brüdern von der Sicherheit“: „Es gibt Schöneres, als grad eure Schnauzen, schön're Löcher gibt es auch, als das Loch von Bautzen.“ Das verstand damals jeder. Der Name der Stadt war ein Synonym für das berüchtigte Gefängnis der Staatssicherheit. Doch in Bautzen selbst behaupteten in den 1990er Jahren viele, davon nichts gewusst zu haben. Natürlich kannte jeder das Gefängnis mitten in der Stadt, im Volksmund „Gelbes Elend“ genannt. Schließlich diente es seit 1904 als Strafanstalt. Ab 1956 gab es davon getrennt Bautzen II, die Sonderstrafvollzugsanstalt des MfS. Was sich dort hinter den vier Meter hohen Betonmauern abspielte, wollten viele in Bautzen nicht wissen. Doch es gab auch Anteilnahme. Ein Foto vom 4. Dezember 1989 zeigt Demonstranten, die an der Gefängnismauer Kerzen anzünden und ein Plakat hochhalten: „Freiheit für politische Gefangene“. 1992 entstand hier eine der ersten Gedenkstätten für die Opfer politischer Gewalt.

In his Stasi Ballad from 1974, Wolf Biermann assures the Brothers of Security: “There are nicer things than just your snouts, nicer holes than the hole of Bautzen.” Everyone understood that at the time. The town's name was synonymous with the notorious State Security (Stasi) prison. But in Bautzen itself, many claimed in the 1990s to have known nothing about it. Of course, everyone knew the prison in the middle of the city, popularly known as “Yellow Misery”. After all, it has served as a penal institution since 1904. From 1956 onwards there was a separate prison, Bautzen II, the special penal institution of the MfS. Many people in Bautzen did not want to know what went on behind the four-metre-high concrete walls. But there was also sympathy: a photo from 4 December 1989 shows demonstrators lighting candles on the prison wall and holding up a placard: “Freedom for political prisoners”. In 1992, one of the first memorials for the victims of political violence was built here.

1 „Ab nach Bautzen“ – im Jahr 2000 sorgt die regionale Werbekampagne der Hotelkette „Holiday Inn“ für Diskussionen. Bis 1989 stand dieser Slogan für die politische Strafverfolgung in der DDR.
“Off to Bautzen” – in 2000, the regional advertising campaign of the Holiday Inn hotel chain generates debate. Until 1989, this slogan stood for political prosecution in the GDR.

2 Am 6. Dezember 1989 treten Häftlinge im Stasi-Gefängnis Bautzen II in den Hungerstreik. Sie wollen mit Vertretern von Kirchen, Bürgergruppen und Presse sprechen.
On 6 December 1989, prisoners in the Stasi prison Bautzen II go on hunger strike. They want to talk to representatives of churches, citizens' groups and the press.

3 Insassen der Haftanstalt Rummelsburg in Ost-Berlin demonstrieren am 21. September 1990 für eine Amnestie.
Inmates of Rummelsburg prison in East Berlin demonstrate for an amnesty on 21 September 1990.

2

3

4

EUES FORUM
Haus für alle
Die Zukunft
hat wieder
einen Namen.
Eine bessere
muß man nicht
nur wollen,
sondern auch
SPD

5

4 Eingang zur früheren MfS-Haftanstalt, im Volksmund „Lindenhotel“ genannt, im Juli 1991. Hinter der Backsteinfassade in der malerischen Potsdamer Altstadt verbargen sich 100 Zellen für Untersuchungshäftlinge.
Entrance to the former MfS detention centre, popularly known as the “Lindenhotel”, in July 1991. 100 cells for pre-trial detainees were hidden behind the brick façade in the picturesque old town of Potsdam.

5 Wie das SED-Regime mit Oppositionellen umging, erfahren Magdeburger Schüler 1993 vor Ort im ehemaligen Stasi-Gefängnis der Stadt, das seit 1990 als Gedenkstätte dient.
In 1993, Magdeburg schoolchildren learn how the SED regime dealt with opposition members on site at the city’s former Stasi prison, which has served as a memorial since 1990.

VIDEO

Das Stasi-Gefängnis Bautzen.
The Stasi prison in Bautzen
YouTube / Deutschland.de, 3:25 Min.

6 Der Liedermacher Wolf Biermann gibt am 8. Mai 2014 ein Konzert im ehemaligen Stasi-Gefängnis Bautzen II. Anlass ist das 25. Bautzen-Forum der Friedrich-Ebert-Stiftung.
The singer-songwriter Wolf Biermann gives a concert in the former Stasi prison Bautzen II on 8 May 2014. The occasion is the 25th Bautzen Forum of the Friedrich Ebert Foundation.

Ostprodukte
Eastern products

Am 30. Juni 1990 boten die Verkaufsstellen in der DDR nach Ladenschluss einen seltsamen Anblick: Gähnende Leere, soweit das Auge reichte. Viele Kunden hatten an diesem Samstag ihr letztes DDR-Geld loswerden wollen und eingekauft, was das Zeug hielt. Doch bis zur Ladenöffnung am Montagmorgen geschah ein Wunder: In den Regalen präsentierte sich nun die bunte Warenwelt des Kapitalismus.

Niemand wollte nach der Einführung der westdeutschen D-Mark am 1. Juli noch DDR-Produkte kaufen. Selbst in der Ramschkiste blieben Waren zurück, die bis dahin heiß begehrt gewesen waren. Das war einer der Gründe für den Niedergang der DDR-Wirtschaft und den sprunghaften Anstieg der Arbeitslosigkeit im Osten.

Mit den wachsenden wirtschaftlichen Problemen kam die Sehnsucht nach dem Vertrauten zurück. Findige Marktstrategen aus dem Westen, aber auch leitende Mitarbeiter kauften für wenig Geld ganze Betriebe von der Treuhand. Kathis Backmischung, Halberstädter Würstchen, Rotkäppchen-Sekt und Halloren-Kugeln waren wieder begehrt und feierten Triumphe.

On 30 June 1990, the sales outlets in the GDR presented a strange sight after closing time: a yawning emptiness as far as the eye could see. Many customers had wanted to get rid of their last GDR money on that Saturday and shopped for all they were worth. But by the time the shops opened on Monday morning, a miracle had happened: the shelves now presented the colourful world of goods of capitalism.

Nobody wanted to buy GDR products after the introduction of the West German mark on 1 July. Even in the junk box, goods remained that had been in hot demand until then. This was one of the reasons for the decline of the GDR economy and the sharp rise in unemployment in the East.

With the growing economic problems, the longing for the familiar returned. Resourceful market strategists from the West, but also senior staff, bought entire businesses from the Treuhand for little money. Kathi's baking mix, Halberstadt sausages, Rotkäppchen sparkling wine and Halloren balls were in demand again and celebrated triumphs.

1 In einer Kaufhalle in Cottbus räumen Mitarbeiterinnen am Sonntag, dem 1. Juli 1990 die Westwaren in die Regale ein, die tags darauf für westdeutsche D-Mark verkauft werden sollen.
In a department store in Cottbus on Sunday, 1 July 1990, employees fill the shelves with West German goods that are to be sold the next day for West German marks.

2 Leipzig-Connewitz 1990. Die Brauerei soll geschlossen werden, weil niemand Ost-Bier will, selbst wenn es von den Arbeitern an der Straße verkauft wird.
Leipzig's Connewitz district, 1990. The brewery is to be closed because nobody wants East beer, even if it is sold by the workers on the street.

3 Der stellvertretende PDS-Vorsitzende Wolfgang Pohl posiert am 1. August 1990 vor einem Plakat mit der Aufschrift „DDR-Waren kaufen, hilft Arbeitsplätze sichern". Pohl ist zu dieser Zeit vor allem damit beschäftigt, das Milliardenvermögen seiner Partei zu verschleiern.
PDS deputy leader Wolfgang Pohl poses in front of a poster reading "Buying GDR goods helps secure jobs" on 1 August 1990. At this time, Pohl is mainly concerned with concealing his party's assets worth billions.

2

VEB STADTBRAUEREI LEIPZIG
BETRIEBSTEIL 2 KRONENBRAUEREI

3

DDR-Waren kaufen hilft Arbeitsplätze sichern.
PDS

4

4 „Sind wir schon verkauft?“ steht 1990 am Zaun der Kaligrube „Glück auf“ in Sondershausen (Thüringen), die von der Treuhandanstalt privatisiert werden soll.
“Are we sold yet?” is written on the fence of the “Glück auf” potash mine in Sondershausen (Thuringia) in 1990, which is to be privatised by the Treuhandanstalt.

5 Eine ostdeutsche Erfolgsgeschichte ist die Sektkellerei Rotkäppchen in Freyburg. 1993 von leitenden Mitarbeitern gekauft, übernimmt die Sektkellerei 2002 die westdeutsche Marke Mumm.
The Rotkäppchen sparkling wine producer in Freyburg is an East German success story. Bought by senior staff in 1993, the sparkling wine producer takes over the West German brand Mumm in 2002.

VIDEO

Rotkäppchen-Sekt – Erfolgsmarke aus dem Osten.
Rotkäppchen sparkling wine – a successful brand from the East
YouTube/Stiftung Haus der Geschichte, 3:51

5

6 Im August 2022 wirft die Bundesstiftung Aufarbeitung dem REWE-Konzern mangelndes Geschichtsbewusstsein vor, weil die Supermarktkette in Ostdeutschland Konserven mit DDR-Emblemen anbietet.
In August 2022, the Federal Foundation for the Study of the Communist Dictatorship in Germany accuses the REWE Group of a lack of historical awareness when the supermarket chain offers canned food with GDR emblems in East Germany.

Gerechtigkeit
Justice

„Wir wollten Gerechtigkeit und bekamen den Rechtsstaat“ – so oder ähnlich kommentierte Bärbel Bohley das böse Erwachen vieler DDR-Bürger nach der Wiedervereinigung. In den 1990er Jahren prallten in Ostdeutschland je nach persönlicher Situation höchst unterschiedliche Rechts- und Gerechtigkeitsvorstellungen aufeinander. Da waren etwa die Familien, die ihre Häuser oder Datschen oft nach Jahrzehnten für die alten Eigentümer räumen mussten, die einst von der SED vertrieben worden waren. Da überzogen ehemalige DDR-Funktionsträger die Bundesrepublik erfolgreich mit Strafverfahren, weil ihnen die Renten gekürzt worden waren, derweil frühere SED-Opfer um eine Ehrenrente betteln mussten. Und die Prozesse gegen Mitglieder des SED-Politbüros waren für die einen „Siegerjustiz“, während es für andere unerträglich war, dass die Hauptverantwortlichen des Unrechtssystems so glimpflich davonkamen. Als Erich Honecker zu seiner in Chile wartenden Frau ausreisen durfte, war die Aufregung groß. Ein Berliner kommentierte schulterzuckend: „Lasst ihn doch zu Margot! Das ist Strafe genug.“

“We wanted justice and got the rule of law” – this or something to that effect is how Bärbel Bohley commented on the rude awakening of many GDR citizens after reunification. In the 1990s, very different ideas of law and justice clashed in East Germany, depending on personal situation. For example, there were the families who often had to vacate their houses or dachas after decades for the old owners who had once been evicted by the SED. Former GDR functionaries successfully sued the Federal Republic of Germany because their pensions had been reduced, while former SED victims had to beg for a special pension. And the trials against members of the SED Politburo were “victors’ justice” for some, while for others it was unbearable that the main perpetrators of the unjust system got off so lightly. When Erich Honecker was allowed to leave to join his wife in Chile, the commotion was considerable. One Berliner commented, shrugging his shoulders, “Let him see Margot! That’s punishment enough.”

1 Domburg in Thüringen 1990. An einer Garage hängt ein Foto des ehemaligen DDR-Staats- und Parteichefs Erich Honecker in Häftlingskleidung, darüber ein Fragezeichen.
Domburg in Thuringia in 1990. A photo of the former GDR Head of State and party leader Erich Honecker in prisoner's clothing hangs on a garage, with a question mark above it.

2 Der ehemalige DDR-Staatssicherheitsminister Erich Mielke (l.) und der ehemalige DDR-Staats- und Parteichef Erich Honecker auf der Anklagebank vor Prozessbeginn im Landgericht Berlin-Moabit im Herbst 1992.
Former GDR State Security Minister Erich Mielke (left) and former GDR Head of State and party leader Erich Honecker in the dock before the start of the trial at the Regional Court in Berlin's Moabit district in autumn 1992.

3 Nachdem das Strafverfahren gegen Erich Honecker aus gesundheitlichen Gründen eingestellt wird, trifft er am 14. Januar 1993 in Santiago de Chile ein, wo er im Mai des folgenden Jahres stirbt.
After the criminal proceedings against Erich Honecker are dropped for health reasons, he arrives in Santiago de Chile on 14 January 1993, where he dies in May of the following year.

2

3

4

4 Bärbel Bohley steht am 8. Juni 1995 vor ihrem Wohnhaus in Berlin-Mitte vor dem Transparent „Gysi lügt“. Die ehemalige DDR-Bürgerrechtlerin ist auch nach einem verlorenen Prozess weiterhin davon überzeugt, dass der PDS-Politiker Gregor Gysi vor 1989 mit der Stasi zusammengearbeitet hat.
Bärbel Bohley stands in front of the banner "Gysi is lying" in front of her home in Berlin's Mitte district on 8 June 1995. Even after losing a trial, the former GDR civil rights activist remains convinced that PDS politician Gregor Gysi collaborated with the Stasi before 1989.

5 Hildigund Neubert berät am 2. September 1998 im „Bürgerbüro“ ein Opfer der SED-Diktatur. Der Verein zur Aufarbeitung von Folgeschäden der SED-Diktatur wurde 1996 gegründet und hat seitdem rund 1.500 Fälle bearbeitet.
Hildigund Neubert advises a victim of the SED dictatorship in the Citizens' Office on 2 September 1998. The Association for the Reappraisal of Consequential Damages of the SED Dictatorship was founded in 1996 and has dealt with about 1500 cases since then.

VIDEO

Opfer der SED-Diktatur: Neue Regelungen, bessere Aufarbeitung?
Victims of the SED dictatorship: New regulations, a better way of addressing the past?
YouTube/BR24, 2019, 6:18 Min.

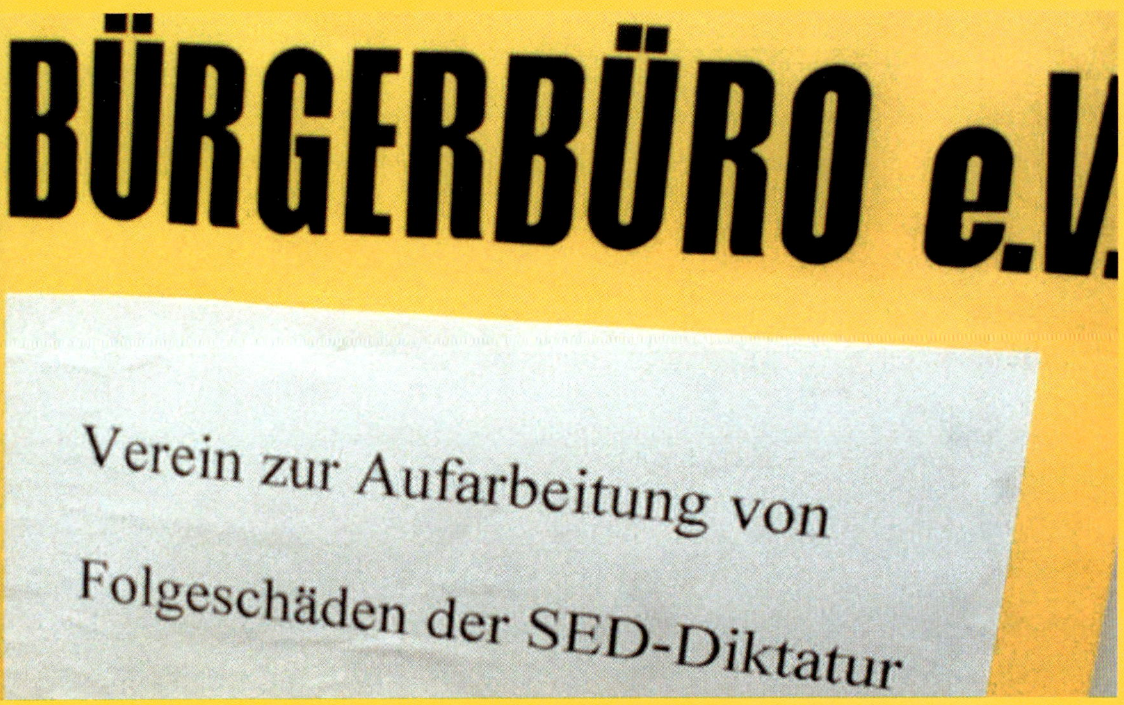

5

6 Am 1. März 2007 soll der Bundestag in erster Lesung über einen Gesetzentwurf beraten, der rund 16.000 Opfern der SED-Diktatur eine monatliche Rente von 250 Euro gewähren soll. Einen Tag zuvor fordern Opferverbände Nachbesserungen am Gesetzentwurf.
On 1 March 2007, the Bundestag is scheduled to hold the first reading of a bill that would grant about 16,000 victims of the SED dictatorship a monthly pension of 250 euros. One day before, victims' associations demand improvements to the bill.

Geheimnisse
Secrets

Die Stasiaufarbeiter betonten von Anfang an, dass die Strukturen und Methoden des Geheimdienstes aufgedeckt und nicht einzelne Inoffizielle Mitarbeiter (IM) enttarnt werden sollten – es half nichts. Schon die erste Enthüllungswelle im März 1990 kam einem Schock gleich. Sie betraf auch Vertreter der DDR-Opposition, die auf dem Sprung in höchste Staatsämter waren. Abgründe taten sich auf. Hatte in der DDR ein Volk von Spitzeln und Denunzianten gelebt?

Dann begannen die Regelüberprüfungen aller bisherigen und neu eingestellten Mitarbeiter des öffentlichen Dienstes auf eine Stasitätigkeit. „Schon gegauckt?“, fragten sich die Kollegen beim Frühstückskaffee und bereicherten die deutsche Sprache um ein neues Verb. Es leitete sich aus dem Namen des ersten Bundesbeauftragten für die Stasiunterlagen, Joachim Gauck, ab. Die „IM-Jagd“ war keineswegs allein eine Sache des Westens und der Boulevardpresse. Die Abscheu vor den Stasispitzeln war echt und tief. So tief, dass über den kleinen Schnüfflern oft die Verantwortlichen der SED vergessen wurden.

From the very beginning, the Stasi workers stressed that the structures and methods of the secret service should be uncovered rather than individual unofficial collaborators (IM) – it didn't help. The first wave of revelations in March 1990 came as a shock. It also affected representatives of the GDR opposition who were on their way to the highest state offices. Abysses opened up. Had the GDR been a nation of informers and denunciators?

Then the regular vetting of all previous and newly hired public service employees for cooperation with the Stasi began. "Schon gegauckt?" colleagues asked each other over their morning coffee, enriching the German language with a new verb. It was derived from the name of the first Federal Commissioner for the Records of the State Security Service of the Former GDR, Joachim Gauck. The "IM hunt" was by no means a matter for the West and the tabloid press alone. The revulsion against the Stasi informers was real and deep. So deep, in fact, that the people in charge of the SED were often forgotten while attention turned the little snoopers.

1 Bundestagspräsident Wolfgang Thierse besucht am 22. Dezember 1998 das Stasi-Archiv. Behördenleiter Joachim Gauck zeigt ihm Akten, die Stasi-Mitarbeiter 1989 mit der Hand zerrissen haben.
Bundestag President Wolfgang Thierse visits the Stasi archive on 22 December 1998. The head of the authority, Joachim Gauck, shows him files that were torn up by hand by Stasi employees in 1989.

2 „Der lange Arm der Stasi. Verdacht gegen DDR-Abgeordnete“ titelt das Nachrichtenmagazin „Der Spiegel“, als nach der Volkskammerwahl immer mehr Parlamentarier verdächtigt wurden, für die Stasi gearbeitet zu haben.
The long arm of the Stasi. Suspicion against GDR deputies is the headline of the news magazine Der Spiegel after more and more parliamentarians were suspected of having worked for the Stasi after the Volkskammer (People's Chamber) elections.

3 Pressekonferenz der unabhängigen Wochenzeitung „die andere“ am 19. März 1991. Chefredakteur Klaus Wolfram (3.v.l.) gibt bekannt, dass das Sprachrohr des Neuen Forums eine Gehaltsliste des MfS entschlüsselt und veröffentlicht hat.
Press conference of the independent weekly newspaper die andere on 19 March 1991. Editor-in-chief Klaus Wolfram (3rd from left) announces that the mouthpiece of the New Forum has decoded and published a payroll of the MfS.

2

DER SPIEGEL
C 7007 C
Nr. 13 / 44. Jahrgang
26. März 1990
4,50 DM · DDR: 13,50 M
Der lange Arm der Stasi
Verdacht gegen DDR-Abgeordnete

3

NEUES FORUM

4

4 Die Bürgerrechtler Ulrike und Gerd Poppe sichten am 2. Januar 1992 in der neu gegründeten Gauck-Behörde die Akten, die die Stasi über sie angelegt hat.
On 2 January 1992, civil rights activists Ulrike and Gerd Poppe look through the files that the Stasi had compiled on them in the newly founded Gauck authority.

5 Berlin, Prenzlauer Berg, 4. Juli 1996: Tom Sello sichtet Dokumente im Matthias-Domaschk-Archiv. Seit der Friedlichen Revolution haben Bürgerrechtler vielerorts Archive gegründet, um Materialien der Opposition zu bewahren.
Berlin, Prenzlauer Berg, 4 July 1996: Tom Sello looks through documents in the Matthias Domaschk Archive. Since the Peaceful Revolution, civil rights activists have founded archives in many places to preserve opposition materials.

VIDEO

Joachim Gauck. Der Umgang mit den Stasi-Akten. Vortrag in der URANIA Berlin, 1. April 1992.
Joachim Gauck. Dealing with the Stasi files. Lecture at the URANIA Berlin, 1 April 1992
YouTube/GrimmChronik, 3:00 Min.

5

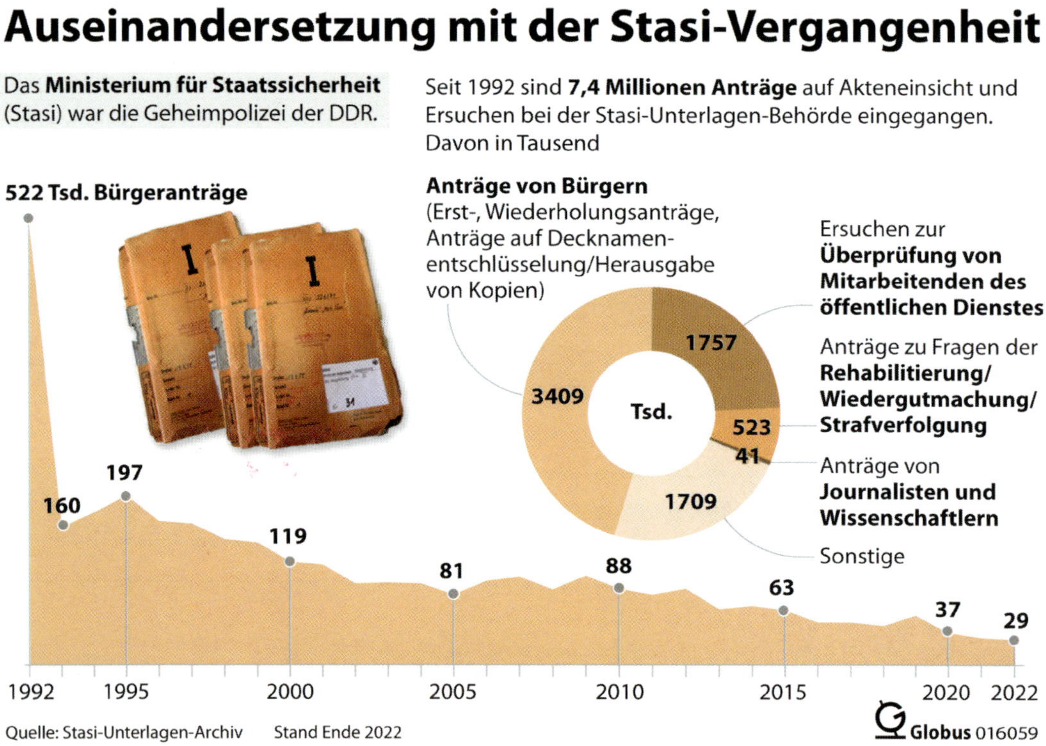

6 Infografik zur Auseinandersetzung mit der Stasi-Vergangenheit seit 1992.
Infographic on dealing with the Stasi past since 1992

Doppelte Vergangenheit
Double past

Das SED-Regime war stolz auf seine antifaschistischen Wurzeln. Daraus leitete es eine Legitimation ab, die es durch freie Wahlen niemals erhalten hätte. Das höchste Heiligtum dieses Staatskults war die „Nationale Mahn- und Gedenkstätte Buchenwald". Es gab wohl kaum einen DDR-Schüler, der nicht durch diese oder eine andere KZ-Gedenkstätte geführt wurde.

Nach 1989 rückte ins öffentliche Bewusstsein, dass Buchenwald und auch das KZ Sachsenhausen von 1945 bis 1950 als sowjetische „Speziallager" weiterbestanden hatten. Hier waren lokale Funktionsträger des NS-Regimes, aber auch willkürlich Verhaftete sowie Gegner des sowjetischen Gesellschaftsmodells interniert worden. Jeder Vierte von ihnen verhungerte oder erfror elendig.

Um die Orte mit doppelter Diktaturvergangenheit entbrannte in den 1990er Jahren eine erbitterte Erinnerungskonkurrenz. Den Streit befriedete der Bochumer Historiker Bernd Faulenbach. Seine salomonische Formel besagte, dass die NS-Verbrechen mit dem Verweis auf die DDR nicht relativiert und andererseits das SED-Unrecht nicht bagatellisiert werden dürften.

The SED regime was proud of its anti-fascist roots. From this it derived a legitimacy that it would never have received through free elections. The highest shrine of this state cult was the "Buchenwald National Memorial". There was hardly a GDR student who was not guided through this or another concentration camp memorial.

After 1989, the public became aware that Buchenwald and the Sachsenhausen concentration camp had continued to exist as Soviet "special camps" from 1945 to 1950. It was mainly members of the Nazi system, arbitrary prisoners and increasingly also Social Democrats and bourgeois democrats who were interned here. One in four of them starved or froze to death.

In the 1990s, a fierce battle of remembrance broke out over the places with a double dictatorship past. The dispute was settled by the Bochum historian Bernd Faulenbach. His Solomonic formula states that Nazi crimes should not be relativised by referring to crimes committed by the GDR regime and that, on the other hand, SED injustice should not be trivialised by comparing them to Nazi crimes.

1 Anlässlich des 45. Jahrestages der Selbstbefreiung des Konzentrationslagers Buchenwald fordern Vertreter der Jungen Union Weimar, auch der Opfer des sowjetischen Speziallagers zu gedenken, das dort von 1945 bis 1950 bestand.
On the occasion of the 45th anniversary of the self-liberation of Buchenwald concentration camp, representatives of the youth section of the CDU in Weimar demand that the victims of the Soviet special camp, which existed there from 1945 to 1950, also be commemorated.

2 „Deutsche Vereinigung – ohne Gedenken und Verbeugung vor den Opfern des NS-Unrechts" – Protest vor dem ökumenischen Gottesdienst in der Berliner Marienkirche am 3. Oktober 1990, dem Tag der Wiedervereinigung.
"German unification – without commemoration and bowing to the victims of Nazi injustice" – protest before the ecumenical service in the Marienkirche in Berlin on 3 October 1990, the day of reunification.

3 Prof. Dr. Bernd Faulenbach, von 1998 bis 2016 stellvertretender Vorstandsvorsitzender der Bundesstiftung Aufarbeitung, bei der Diskussionsveranstaltung „Kommunistische Verbrechen erinnern" am 25. November 2013.
Prof. Bernd Faulenbach, Deputy Chairman of the Board of the Federal Foundation for the Study of the Communist Dictatorship in Germany from 1998 to 2016, at a discussion event entitled Remembering Communist Crimes on 25 November 2013.

2

-DEUTSCHE VEREINIGUNG-
OHNE GEDENKEN UND VERBEUGUNG
VOR DEN OPFERN DES NS-UNRECHTS

3

FTUNG
EITUNG

4

DER SPIEGEL
C 7007 C
Nr. 52 / 45. Jahrgang
23. Dezember 1991
4,50 DM
Die Last deutscher Vergangenheit
Recht oder Rache
SPIEGEL-Gespräch mit Kirchenkritiker Drewermann
„Frauen wären bessere Priester"
H. STEPAN

5

4 Ende 1991 widmet das Nachrichtenmagazin „Der Spiegel" eine Ausgabe dem Umgang mit zwei Diktaturvergangenheiten in Deutschland.
At the end of 1991, the news magazine Der Spiegel devotes an issue to the two dictatorships in Germany and how they are dealt with.

5 Gedenkstätte Sachsenhausen, Oranienburg, 20. März 2000. Außerhalb des „Lagerdreiecks" beginnt der Bau eines Museums zur Geschichte des sowjetischen Speziallagers.
Sachsenhausen Memorial, Oranienburg, 20 March 2000. Outside the "camp triangle", construction of a museum on the history of the Soviet special camp begins.

VIDEO

Vergleich DDR/SED-Diktatur – Nazi-Diktatur in Sachsen-Anhalt.
3sat Kulturzeit vom 19. März 2010.
Comparison GDR/SED dictatorship – Nazi dictatorship in Saxony-Anhalt.
3sat Kulturzeit of 19 March 2010
YouTube/incode007/3sat Kulturzeit, 6:33 Min.

6 Georg-Mendenheim-Oberstufenzentrum in Oranienburg, nördlich von Berlin: Am 12. Juni 2017 besucht Reinhard Wolff eine Schulklasse, die an einem Filmprojekt über seine Haft als Jugendlicher im sowjetischen Speziallager Sachsenhausen arbeitet.
Georg-Mendenheim-Oberstufenzentrum in Oranienburg, north of Berlin: On 12 June 2017, Reinhard Wolff visits a school class working on a film project about his imprisonment as a youth in the Soviet special camp Sachsenhausen.

Bilderstreit
Iconoclasm

Kunst und Skandal gehören zusammen wie Kaffee und Sahne oder Bockwurst und Senf. Wenn die Schließung einer Ausstellung gefordert wird, wenn Anwälte aufmarschieren, wenn es in den Zeitungsfeuilletons kracht und sich Podiumsgäste anschreien, dann interessiert sich plötzlich auch eine breite Öffentlichkeit für Kunst.

All das bot die Ausstellung „Aufstieg und Fall der Moderne“, die 1999 in der damaligen europäischen Kulturhauptstadt Weimar zu sehen war. Schauplatz war eine heruntergekommene Mehrzweckhalle im sogenannten „Gauforum“, das im Nationalsozialismus errichtet worden war. Dort hingen die DDR-Bilder auf grauer Plastikfolie, die an Müllsäcke erinnerte. Unglücklich war nicht nur die pauschale Unterteilung in offizielle und inoffizielle Kunst, als hätte es da je eine klare Grenze gegeben. Für Empörung sorgte auch die gemeinsame Präsentation mit NS-Propagandakunst. „Vernichtungsfeldzug“, „Pauschalverdammung“, „Denunziation“ tobten die Kritiker. Künstler hängten ihre Bilder vor laufender Kamera ab. Der Skandal war gewaltig. Mit ihm begann der Aufstieg der DDR-Kunst aus dem Keller der Kunstgeschichte in den Fokus der öffentlichen Wahrnehmung.

Art and scandal belong together like coffee and cream or bockwurst and mustard. When there are calls for an exhibition to be closed, when lawyers march in, when there is a row in the newspaper feuilletons and panelists shout at each other, then suddenly a broad public is also interested in art.

All this was provoked by the exhibition Rise and Fall of Modernism, which was on show in Weimar, then European Capital of Culture, in 1999. The setting was a run-down multi-purpose hall in the Gauforum, which had been built under National Socialism. There, the GDR pictures hung on grey plastic foil reminiscent of rubbish bags. It was not only the blanket division into official and unofficial art that was unfortunate, as if there had ever been a clear boundary. The joint presentation with Nazi propaganda art also caused outrage. "Extermination campaign", "blanket condemnation", "denunciation" raged the critics. Artists hung their pictures in front of running cameras. The scandal was enormous. It marked the beginning of the rise of GDR art from the basement of art history to the focus of public perception.

1 Weimar, 28. Mai 1999. Blick in die drei Wochen zuvor eröffnete, heftig umstrittene Ausstellung „Aufstieg und Fall der Moderne“.
Weimar, 28 May 1999. View of the highly controversial exhibition Rise and Fall of Modernism, which opened three weeks earlier.

2 Im Bundeskanzleramt hängen Porträts aller Regierungschefs seit Konrad Adenauer. Am 11. November 1986 kommt das Gemälde Helmut Schmidts hinzu, gemalt vom Leipziger Künstler Bernhard Heisig.
Portraits of all Heads of Government since Konrad Adenauer hang in the Federal Chancellery. On 11 November 1986, Helmut Schmidt's painting by the Leipzig artist Bernhard Heisig, was added.

3 Vor dem Förderturm und den Gebäuden des 1993 stillgelegten Kalischachtes von Bischofferode sitzt der ehemalige Kumpel Willibald Nebet zwischen weggeworfenen Einrichtungsgegenständen aus den Betriebsbüros und dem Gemälde „Sozialismus“ aus dem früheren Speiseraum.
In front of the winding tower and the buildings of the Bischofferode potash shaft, which was closed in 1993, former miner Willibald Nebet sits between discarded furnishings from the company offices and the painting Socialism from the former dining room.

2

3

4

5

4 Beeskow 1996: Der Kunstspeicher beherbergt rund 300.000 Objekte der DDR-Kunst. Herbert Schirmer, Initiator der Sammlung, zwischen einigen der geretteten Werke.
Beeskow 1996: The Kunstspeicher houses around 300,000 objects of GDR art. Herbert Schirmer, initiator of the collection, among some of the rescued works.

5 „Kunst ist unser Reichtum und unser Gedächtnis" steht auf einem Transparent, mit dem die SED-Nachfolgepartei PDS im Juni 1999 gegen die Weimarer Kunstausstellung protestiert.
"Art is our wealth and our memory" is written on a banner with which the SED successor party PDS protests against the Weimar Art Exhibition in June 1999.

VIDEO

DDR-Kunst neu gesehen. Kultur21.
GDR art seen anew. Culture21
YouTube/DW Deutsch, 2012, 5:45 Min.

6 Pressevorbesichtigung in „Das Minsk. Kunsthaus in Potsdam" am 22. September 2022. Im Vordergrund steht der Mäzen Hasso Plattner, der das von ihm finanzierte Museum mit einer Ausstellung zur DDR-Kunst eröffnet.
Press preview in the Minsk. Kunsthaus in Potsdam on 22 September 2022. In the foreground, patron Hasso Plattner, opening the museum he financed with an exhibition on GDR art.

Osttrotz
Osttrotz

Leben, Tod und Verklärung des Palastes der Republik stehen symbolisch für den Staat DDR. Beim Bau wurde viel über die hohen Kosten geschimpft. Doch als „Erichs Lampenladen“ fertig war, fanden seine Bars, Cafés und Restaurants regen Zuspruch. Wo sonst in der DDR gab es höfliche Kellner, saubere Toiletten und funktionierende Münztelefone?

1990 wurde der „Palazzo Prozzo“ überstürzt geschlossen. Die Begründung – Asbestverseuchung – halten seine Fans bis heute für eine Lüge. Als 2008 die Abrissbagger kamen, um Platz für den Wiederaufbau des Berliner Schlosses zu schaffen, hatten viele Ostdeutsche das Gefühl, die DDR würde ein weiteres Mal entsorgt. So wie der Palast der Republik seit 1990 in der Erinnerung immer heller strahlte, so verklärte sich im Rückblick auch die DDR.

Anderen Bauten der Ostmoderne erging es besser. 2017 wurde der Kulturpalast in Dresden nach langer Sanierung mit dem Mosaikfries „Der Weg der Roten Fahne“ wiedereröffnet. Unter der Inschrift „Wir sind die Sieger der Geschichte“ ist sogar der frühere SED-Chef Walter Ulbricht zu sehen.

The life, death and transfiguration of the Palace of the Republic are symbolic of the GDR state. During construction, there was much grumbling about the high costs. But when “Erich’s Lamp Shop” opened, its bars, cafés and restaurants were very popular. Where else in the GDR were there polite waiters, clean toilets and working pay phones?

In 1990, the “Palazzo Prozzo” was hastily closed. The reason – asbestos contamination – is still considered a lie by its fans today. When the demolition excavators came in 2008 to make room for the reconstruction of the Berlin City Palace, many East Germans had the feeling that the GDR was being disposed of yet again. Just as the Palace of the Republic has shone ever brighter in memory since 1990, the GDR has also been transfigured in retrospect.

Other East Modernist buildings fared better. In 2017, the Kulturpalast in Dresden was reopened after a long renovation with the mosaic frieze The Way of the Red Flag. The former SED leader Walter Ulbricht can even be seen under the inscription “We are the victors of history.”

1 Ein Ausflugsschiff vor einer Baubrache in Berlin 2009, im Hintergrund der Berliner Dom. Der Palast der Republik an der Spree ist abgerissen. Er macht Platz für den Wiederaufbau des Berliner Stadtschlosses.
An excursion boat in front of a derelict building site in Berlin in 2009, with the Berliner Dom in the background. The Palace of the Republic on the Spree has been demolished. It is making way for the reconstruction of the Berlin City Palace.

2 Als der Fotograf der westdeutschen Zeitschrift „stern“, Harald Schmitt, dieses Bild im Juni 1981 aufnimmt, sind der Abriss des Palastes der Republik und der Wiederaufbau des Berliner Schlosses unvorstellbar.
When the photographer of the West German magazine stern, Harald Schmitt, takes this picture in June 1981, the demolition of the Palace of the Republic and the reconstruction of the Berlin City Palace are unimaginable.

3 Anfang März 1990 besetzen junge Leute den Palast der Republik. Ihre Forderung: Das Gebäude soll für kulturelle Zwecke genutzt werden.
At the beginning of March 1990, young people occupy the Palace of the Republic. Their demand: the building should be used for cultural purposes.

2

3

4

4 Das „Marx-Relief“ vor der Leipziger Universität wird am 21. August 2006 abgebaut. Zwei Jahre später wird das Kunstwerk außerhalb der Innenstadt auf dem Campus Jahnallee installiert.
The Marx Relief in front of Leipzig University is dismantled on 21 August 2006. Two years later, the artwork is installed outside the city centre on the Jahnallee campus.

5 Dresden August 2016: Restauratoren arbeiten am Wandbild „Der Weg der Roten Fahne“ an der Westfassade des Kulturpalastes. Rechts oben im Bild ist der berühmte Spitzbart des Staats- und Parteichefs Walter Ulbricht zu sehen.
Dresden August 2016: Restorers work on the mural entitled The Path of the Red Flag on the west façade of the Palace of Culture. The famous goatee of Head of State and party leader Walter Ulbricht can be seen at the top right of the picture.

VIDEO

Kampf um Potsdams Architektur.
Battle for Potsdam's architecture
YouTube / BB-Videoreporter, 2016, 3:49 Min

5

BAUNETZWOCHE#515

Das Querformat für Architekten

21. Juni 2018

VIER MENSCHEN ENGAGIEREN SICH FÜR DIE

OSTMODERNE

THOMAS SCHÜTTE

Blockhaus auf dem Vitra Campus

6 Karin Berkemann, Marco Dziallas, Mark Escherisch und Martin Maleschka waren zwischen 6 und 16 Jahre alt, als die Mauer fiel. Ihrem Engagement für den Erhalt der Ostmoderne ist 2018 die Ausgabe #515 der Zeitschrift „Baunetzwoche" gewidmet.
Karin Berkemann, Marco Dziallas, Mark Escherisch and Martin Maleschka were between 6 and 16 years old when the Wall fell. Issue #515 of the magazine Baunetzwoche is dedicated to their commitment to the preservation of East Modernism in 2018.

Lichter
Lights

„Wo war denn die Mauer?", fragen die Jüngeren häufig. Nur wenige Reste sind noch zu sehen. Umso mehr staunte der kanadische Astronaut Chris Hadfield, als er 2013 aus der Internationalen Raumstation ISS Fotos vom nächtlichen Berlin machte. Auf diesen Bildern leuchtete der Westteil etwas heller in einem eher bläulich-weißen Ton, der Ostteil dagegen in einer wärmeren, gelb-rötlichen Farbe. „Benutzen Ost und West unterschiedliche Glühbirnen?", fragte der ISS-Kommandant auf Twitter.

Straßenbeleuchtungsexperten wunderten sich nicht über die Bilder aus dem All. Schließlich sind im Osten ältere Natriumdampflampen aus DDR-Zeiten im Einsatz, die das gelb-rötliche Licht erzeugen. Im Westen dagegen werden Leuchtstofflampen verwendet, die ein helleres, kälteres Licht spenden. Im vierten Jahrzehnt der Einheit sollen auch im Osten Berlins energiesparende LED-Lampen Einzug halten. Bis dahin ist die Beleuchtung Berlins das größte Monument der Teilung, das freilich nur nachts in die Weiten des Weltraums strahlt.

"Where was the wall?" younger people often ask. Only a few remnants can still be seen. The Canadian astronaut Chris Hadfield was all the more amazed when he took photos of Berlin at night from the International Space Station (ISS) in 2013. In these images, the western part glowed a little brighter in a more bluish-white tone, while the eastern part had a warmer, yellow-reddish tone. "Are East and West using different light bulbs?" the ISS commander asked on Twitter.

Street lighting experts were not surprised by the images from space. After all, older sodium vapour lamps from GDR times are used in the East, which produce the yellow-reddish light. In the West, on the other hand, fluorescent lamps are used, which give a brighter, colder light. In the fourth decade of unification, energy-saving LED lamps are also to be introduced in East Berlin. Until then, Berlin's lighting is the largest monument to division, which admittedly only shines into the vastness of space at night.

1 Bild der deutschen Hauptstadt Berlin bei Nacht, aufgenommen vom ESA-Astronauten Matthias Maurer an Bord der Internationalen Raumstation.
Image of the German capital Berlin at night, taken by ESA astronaut Matthias Maurer on board the International Space Station

2 Berlin, Anfang der 1990er Jahre. Die Grenzmauer an der Bernauer Straße steht noch. Ein Schild kündigt die „Gedenkstätte Berliner Mauer" an. Als Träger wird das Deutsche Historische Museum genannt.
Berlin, early 1990s. The border wall on Bernauer Straße is still standing. A sign announces the Berlin Wall Memorial. The Deutsches Historisches Museum is named as the body responsible.

3 Berlin, 13. August 2001. Am 40. Jahrestag des Mauerbaus protestieren junge Leute an der Mauergedenkstätte in der Bernauer Straße gegen eine Mitwirkung von Vertretern der PDS beim Gedenken an die Mauertoten.
Berlin, 13 August 2001. On the 40th anniversary of the building of the Wall, young people protest at the Wall memorial in Bernauer Straße against the involvement of representatives of the PDS in the commemoration of those killed at the Wall.

2

GEDENKSTÄTTE
"Berliner Mauer"
Mahnmal u. Museum

3

SED-
Grenze:
Fast
1.00
Tote
mahnen!
SPD PDS
denkt an die
Mauertoten
SED

4

ETL Center
MAUERSTRASSE 86-88
ADVISION
www.ADVISION.de
eurodata
RCU

5

4 Berlin, Friedrichstraße/Ecke Zimmerstraße, 4. Juli 2005. Seit 2004 erinnern die Holzkreuze an die Mauertoten. Ein Gerichtsurteil verlangt die Räumung der Installation, die dem Museum Haus am Checkpoint Charlie nur bis Ende 2004 genehmigt worden war.
Berlin, Friedrichstraße/corner of Zimmerstraße, 4 July 2005. Since 2004, the wooden crosses have commemorated those killed at the Wall. A court rules that the installation, for which the Museum Haus am Checkpoint Charlie only had permission until the end of 2004, must be removed.

5 Tausende Menschen betrachten am Abend des 8. November 2014 die beleuchteten Ballonstelen entlang des ehemaligen Verlaufs der Berliner Mauer. Die Laternen sind Teil des Projekts „Lichtgrenze 2014" anlässlich des 25. Jahrestages des Mauerfalls am Folgetag.
Thousands of people look at the illuminated balloon lanterns along the former course of the Berlin Wall on the evening of 8 November 2014. The lanterns are part of the Light Border 2014 project to mark the 25th anniversary of the fall of the Wall the following day.

VIDEO

30 Jahre Mauerfall: Entlang des „Eisernen Vorhangs", Michael Cramer, Mödlareuth.
30 years since the fall of the Wall: Along the "Iron Curtain", Michael Cramer, Mödlareuth
YouTube/Deutschland ist eins: vieles, 1:56 Min.

6 Michael Cramer wird am 6. Juni 2019 in den Fernweh-Park „Signs of Fame“ aufgenommen. Dem ehemaligen Europaabgeordneten der Grünen ist nicht nur der Mauerradweg rund um Berlin zu verdanken, sondern auch der europäische Fernradweg Iron Curtain Trail vom Nordkap bis zur bulgarisch-türkischen Grenze.
Michael Cramer is inducted into the Fernweh Park Signs of Fame on 6 June 2019. The former Green MEP is not only responsible for the Wall Cycle Route around Berlin, but also for the European long-distance Iron Curtain Trail from the North Cape to the Bulgarian-Turkish border.

Alltag
Everyday life

In den letzten Jahren ist eine Vielzahl von DDR-Museen entstanden. Unter ihren Besuchern sind auch viele Schulklassen aus der ganzen Welt. Was ist an diesem untergegangenen Staat so faszinierend, dass man bereit ist, Schlange zu stehen wie zu DDR-Zeiten, wenn es im „Konsum“, dem DDR-Supermarkt, Bananen gab?

Oft hört man freudige Ausrufe: „Guck mal, so ein Bügeleisen hat meine Oma auch noch!“ Die Dinge, mit denen viele Besucher aufgewachsen sind, stehen heute im Museum.

Jüngere staunen über eine Welt voller Merkwürdigkeiten und Kuriositäten. Manche betrachten das Telefon mit Hörer und Wählscheibe und fragen sich, wie man damit einen Tweet verschicken kann. Andere blicken auf die drei Bartgesichter von Marx, Engels und Lenin und rätseln, wer da wohl spöttisch lächelt.

Die DDR ist von der Landkarte verschwunden. Doch ihr materielles Erbe erfreut sich heute einer fast kultischen Verehrung. Dinge erzählen Geschichten. Man muss nur genau hinhören, trotz des Trubels im Ausstellungsraum.

A large number of GDR museums have sprung up in recent years. Among the visitors are many school classes from all over the world. What is so fascinating about this defunct state that people are willing to stand in line as they did in GDR times when there were bananas in Konsum, the GDR supermarket?

You often hear joyful exclamations: “Look, my grandmother still has an iron like this!” The things that many visitors grew up with are now in the museum.

Younger visitors marvel at a world of oddities and curiosities. Some look at the telephone with receiver and dial and wonder how you can send a tweet with it. Others look at the three bearded faces of Marx, Engels and Lenin and puzzle over who is smiling mockingly.

The GDR has disappeared from the map. But its material heritage enjoys an almost cult-like veneration today. Objects tell stories. You just have to listen carefully, despite the hustle and bustle in the exhibition space.

1 Blick in das „Erinnerungszimmer“ der Seniorenresidenz „Alexa“ in Dresden (Sachsen). Alltagsgegenstände aus der DDR bieten den an Demenz erkrankten Bewohnern eine vertraute Umgebung aus einer prägenden Zeit ihres Lebens.
View into the “memory room” at the Alexa senior citizens’ residence in Dresden (Saxony). Everyday objects from the GDR offer residents suffering from dementia a familiar environment from a formative time in their lives.

2 Berlin, 3. April 2023: Seit 2006 zählt das DDR Museum Berlin über sieben Millionen Besucherinnen und Besucher.
Berlin, 3 April 2023: Since 2006, the DDR Museum Berlin has had over seven million visitors.

3 Der Gründer des DDR-Geschichtsmuseums in Perleberg (Brandenburg), Hans-Peter Freimark, hisst eine DDR-Fahne mit der Aufschrift „Gegen das Vergessen“.
The founder of the GDR History Museum in Perleberg (Brandenburg), Hans-Peter Freimark, hoists a GDR flag with the inscription “Never forget”.

2

MÜNZPRESSE
DDR
DDR
DISCOVER LIFE IN THE DDR
MUSEUM
EINGANG

3

1945
Opfern
Sie
litten
+
starben
für
STOP

4

4 Tief im Südwesten Deutschlands, in der Schmuck- und Uhrenstadt Pforzheim, informiert seit 1998 ein privat initiiertes DDR-Museum über die Geschichte der SED-Diktatur.
Deep in the south-west of Germany, in the jewellery and watchmaking town of Pforzheim, a private GDR museum has been providing information about the history of the SED dictatorship since 1998.

5 Anlässlich der Ausstellung „Made in GDR" in einer Schweriner Einkaufspassage stehen die Menschen im September 1999 Schlange, um in einem nachgebauten „Konsum" DDR-Brötchen für fünf Pfennig zu kaufen.
On the occasion of the Made in GDR exhibition in a shopping mall in Schwerin, people queue up in September 1999 to buy GDR bread rolls for five pfennigs in a replica Konsum.

VIDEO

Einkaufen wie unter Honecker: DDR als Demenztherapie.
Shopping like under Honecker: The DDR as dementia therapy
YouTube/SPIEGEL TV, 5.10.2020, 4:24 Min.

5

6 Das Schulmuseum in Leipzig 2008. Mit dem Pioniergruß und der Meldung an die Lehrerin beginnt die historische „Unterrichtsstunde in der DDR“, an der angehende Lehrer aus Dresden teilnehmen.
The school museum in Leipzig in 2008. The historical Lesson in the GDR, in which student teachers from Dresden take part, begins with the pioneer salute and roll call.

Lachen
Laughter

Als der Film „Sonnenallee“ 1999 in die Kinos kam, wurde ernsthaft diskutiert, ob man über die DDR lachen dürfe. In der Geschichte wurde die Straße im Grenzgebiet zum Abenteuerspielplatz für Jugendliche und die Mauer im wahrsten Sinne des Wortes angepinkelt. „Ich war glücklich in der DDR, weil ich jung und verliebt war“, lautet das Fazit des Films. Das empörte viele Menschen, die unter dem DDR-Unrecht gelitten hatten.

2003 folgte die Komödie „Good Bye, Lenin!“, in der eine „DDR, wie sie hätte sein können“, symbolisch zu Grabe getragen wird. Als 2005 der Film „NVA“ die DDR-Armee durch den Kakao zog, strömten ehemalige NVA-Soldaten in die Kinos und brüllten vor Lachen. „Genau so war es – genau so dumm und sinnlos“, sagten viele. Dieses Lachen über die DDR blieb ein Jahr später manchem im Hals stecken, als sie „Das Leben der Anderen“ sahen, in dem es um die Unterdrückung durch die Stasi ging. Immer wieder waren es Spielfilme, die die Debatten über die DDR prägten.

When the film Sonnenallee was released in 1999, there was a serious discussion about whether it was permissible to laugh about the GDR. In the story, the street in the border area became an adventure playground for young people and the Wall was literally peed on. “I was happy in the GDR because I was young and in love,” is the film’s conclusion. This outraged many people who had suffered under GDR injustice.

In 2003, the comedy Good Bye, Lenin! followed, in which a “GDR as it could have been” was symbolically laid to rest. When the film NVA made fun of the GDR army in 2005, former NVA soldiers flocked to the cinemas and roared with laughter. “That’s exactly how it was – just as stupid and pointless,” many said. This laughter about the GDR stuck in the throats of many a year later when they saw The Lives of Others, which was about the repression by the Stasi. Again and again, it was feature films that shaped the debates about the GDR.

1 Das Autokino im Industriemuseum Ferropolis bei Gräfenhainichen (Sachsen-Anhalt) zeigt im Sommer 2020 den Spielfilm „Gundermann“.
The drive-in cinema at the Ferropolis Industrial Museum near Gräfenhainichen (Saxony-Anhalt) shows the feature film Gundermann in summer 2020.

2 Als Armeeangehörige und Volkspolizisten der DDR verkleidete Statisten posieren am 29. September 2005 bei der Premiere des Kinofilms „NVA“ vor dem Kino „International“ in Berlin.
Extras dressed as members of the GDR army and People’s Police pose in front of the International cinema in Berlin on 29 September 2005 at the premiere of the film NVA.

3 Eine Schlüsselszene des Kinofilms „Good Bye, Lenin!“ von Wolfgang Becker aus dem Jahr 2003: Die DDR mit ihren Symbolen und Überbleibseln verwandelt sich in ein Traumland, wie es hätte sein können.
A key scene in the 2003 feature film Good bye, Lenin! by Wolfgang Becker: The GDR with its symbols and remnants transforms into a dreamland as it could have been.

2

3

4

4 Ein Oscar für die Aufarbeitung: Der Regisseur Florian Henckel von Donnersmarck (M.) und die Schauspieler Sebastian Koch (l.) und Ulrich Mühe (r.) bei der Präsentation des für den Oscar nominierten Films „Das Leben der Anderen“ im Februar 2007 in Hollywood.
An Oscar for coming to terms with the past: Director Florian Henckel von Donnersmarck (centre) and actors Sebastian Koch (left) and Ulrich Mühe (right) at the presentation of the Oscar-nominated film The Lives of Others in Hollywood in February 2007.

5 Zum 30. Jahrestag des Mauerfalls lädt die Deutsche Botschaft in Pristina (Kosovo) zur „German Movie Week“ ein. Die dort gezeigten Spielfilme prägen weltweit das Bild von der deutschen Teilung und der kommunistischen Diktatur.
On the 30th anniversary of the fall of the Berlin Wall, the German Embassy in Pristina (Kosovo) invites locals to the German Movie Week. The feature films shown there shape the image of German division and the Communist dictatorship worldwide.

VIDEO

Video: Sonnenallee (Trailer, 1999).
Sonnenallee (trailer, 1999)
YouTube / alleskino, 1:52 Min.

5

Photo Copyright: Marco Verch
Link: https://bit.ly/2n0x0kK

The German Embassy in Pristina Presents

GERMAN MOVIE WEEK

The Lives of Others
04.11. at 19:00h
Kino Armata, Pristina

Sun Alley
05.11. at 19:00h
Lumbardhi, Prizren

Berlin is in Germany
06.11. at 19:00h
Cinema Jusuf Gervalla, Peja

Good bye, Lenin!
07.11. at 19:00h
Aquarius, North Mitrovica

Admission is free!

6 In der Netflix-Serie „Kleo" nimmt Jella Haase als Stasi-Killerin nach dem Mauerfall Rache an ihren ehemaligen Auftraggebern. Die schrille Spionagekomödie startet im Sommer 2022.
In the Netflix series Kleo, Jella Haase takes revenge on her former employers as a Stasi killer after the fall of the Wall. The shrill spy comedy starts in summer 2022.

Töpfchendebatte
Potty debate

In den 1990er Jahren ging eine Welle fremdenfeindlicher Gewalt durch die damals noch „neuen Bundesländer“. Nach 40 Jahren antifaschistischer Erziehung und täglich gepredigter Völkerfreundschaft war ein Teil der ostdeutschen Jugend voller Hass auf alles Fremde.

Die Frage, ob eine der Ursachen im Bildungssystem der DDR lag, war nicht unberechtigt. 1999 mischte sich Professor Christian Pfeiffer, Direktor des Kriminologischen Instituts Hannover, mit einer bemerkenswerten These in die Debatte ein. In den DDR-Krippen habe das Kollektiv über dem Individuum gestanden. So seien etwa alle Kinder zu festen Zeiten gemeinsam aufs Töpfchen gesetzt worden. Das habe die Ostkinder fürs Leben geprägt.

Ein Aufschrei der Empörung hallte durch die ehemalige DDR: Jetzt wollte ein Westprofessor erklären, wie das Leben im Osten war! Und das ausgerechnet am Beispiel der Krippe, die im Rückblick als große Errungenschaft der DDR-Sozialpolitik galt. Schnell ging es nicht mehr um die Töpfchenbank, sondern um die vermeintliche Bevormundung aller Ostdeutschen durch besserwisserische Westler.

In the 1990s, a wave of xenophobic violence swept through the then still "new federal states". After 40 years of anti-fascist education and daily preaching of friendship between nations, part of the East German youth was full of hatred for everything foreign.

The question of whether one of the causes lay in the GDR's education system was not unjustified. In 1999, Professor Christian Pfeiffer, Director of the Institute of Criminology in Hannover, intervened in the debate with a remarkable thesis. In GDR day-care centres, the collective took precedence over the individual. For example, all children were potty-trained together at fixed times. This shaped East German children for life.

An outcry of indignation went through the former GDR: now a professor from the West wanted to explain what life was like in the East! And, of all things, by using the example of the crèche, which in retrospect was considered a great achievement of GDR social policy. Soon it was no longer about the potty bench, but about the supposed paternalism of know-it-all Westerners towards all East Germans.

1 Momentaufnahme in der Kinderkrippe „Katja Niederkirchner“, Anfang der 1980er Jahre in Cottbus.
Snapshot from the Katja Niederkirchner nursery, Cottbus in the early 1980s.

2 Am Tag danach: Die Spuren des fremdenfeindlichen Mobs, der am Abend des 18. September 1991 ein Flüchtlingsheim in Hoyerswerda (Sachsen) mit Molotowcocktails und Steinen attackiert hatte.
The day after: The traces of the xenophobic mob that attacked a refugee home in Hoyerswerda (Saxony) with Molotov cocktails and stones on the evening of 18 September 1991.

2

3

4

5

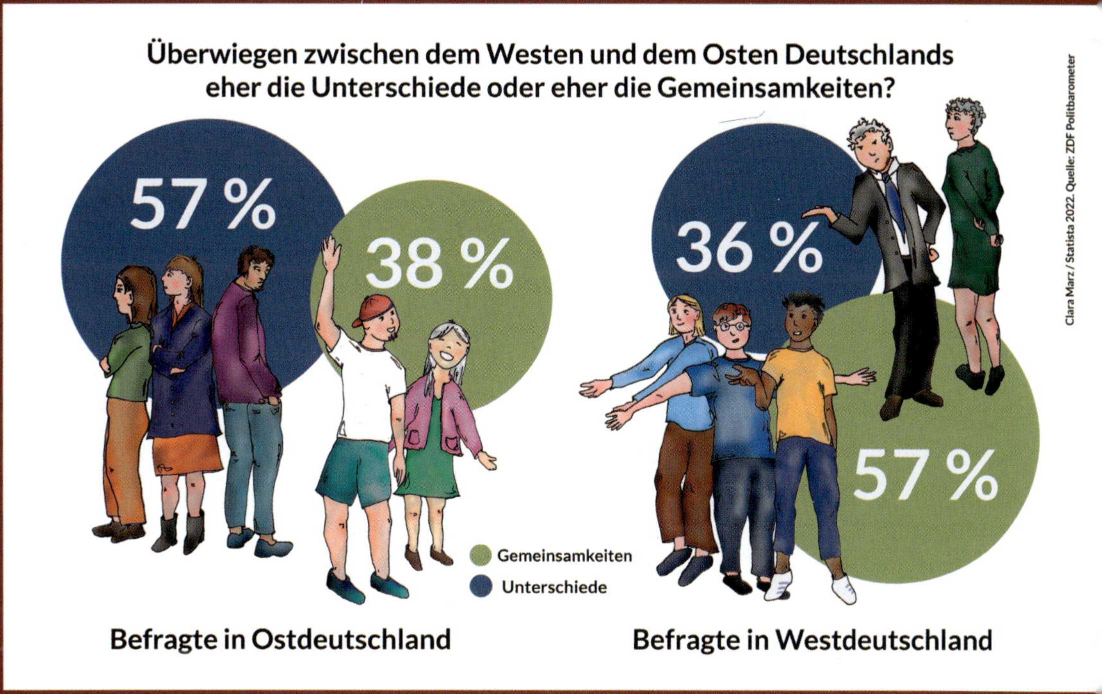

3 „Im Hass vereint" ist die Karikatur von Schwarwel aus dem Jahr 2019 unterschrieben, in der zwei Männer sich als „Meckerossi" und „Besserwessi" beschimpfen.
"United in hate" is the caption of Schwarwel's 2019 cartoon in which two men call each other "Meckerossi" and "Besserwessi".

4 Fragt man in den 1990er Jahren, was der Westen vom Osten übernommen hat, fällt den meisten Zeitgenossen nur der „Grüne Pfeil" ein, der seit 1993 auch in Westdeutschland das Rechtsabbiegen bei Rot erlaubt.
If you ask in the 1990s what the West has taken over from the East, the only thing that comes to mind for most contemporaries is the "green arrow", which has allowed road users in West Germany to turn right when the traffic lights are red since 1993.

5 Überwiegen zwischen dem Westen und dem Osten Deutschlands eher die Unterschiede oder eher die Gemeinsamkeiten?
Do the differences between West and East Germany predominate or are there more similarities?

VIDEO

Die Toten Hosen/Scheiss Wessis.
Die Toten Hosen/Scheiss Wessis
YouTube/Die Toten Hosen, 4:35 Min.

VIDEO

Marteria/Scheiss Ossis.
Marteria/Scheiss Ossis.
YouTube/Marteria, 3:20 Min.

6 Ein Aufsteller auf dem Riebeckplatz in Halle markiert den Ort, an dem das neue „Zukunftszentrum Deutsche Einheit und Europäische Transformation" entstehen soll.
A display on Riebeckplatz in Halle marks the site where the new Future Centre for German Unity and European Transformation is to be built.

Aneignung
Appropriation

Die Leipziger Montagsdemonstrationen des Jahres 1989 haben einen festen Platz in der deutschen Erinnerungskultur. Sie waren die Keimzelle der Friedlichen Revolution gegen das SED-Regime. Seit 1989 haben empörte Bürger ihren Protest immer wieder in die Tradition der „Montagsdemos" gestellt. So auch am 3. Oktober 2022 in Frankfurt (Oder). Es ging noch einmal gegen die „Impfdiktatur", vor allem aber gegen die Unterstützung der Ukraine. Überall waren Symbole und Losungen der Friedensbewegung zu sehen. Irgendwann wurde das Lied von der „Kleinen weißen Friedenstaube" gesungen. Die Demonstranten forderten Frieden und Freiheit ein, während sie sich mit russischen Fahnen mit dem Aggressor gemein machten, der in Russland die Freiheit mit Füßen tritt. Sie zeigten die Flagge der DDR und störten sich offenkundig nicht am ungehemmten Kapitalismus in Putins Reich. Die politische Kompassnadel drehte frei an jenem Nachmittag in Frankfurt (Oder) – und keineswegs nur dort und an diesem Tag.

The Monday demonstrations in Leipzig in 1989 have a firm place in the German culture of remembrance. They were the nucleus of the Peaceful Revolution against the SED regime. Since 1989, outraged citizens have repeatedly placed their protests in the tradition of the Monday demonstrations. This was also the case in Frankfurt (Oder) on 3 October 2022. It was once again directed against the "vaccination dictatorship", but above all against the support for Ukraine. Symbols and slogans of the peace movement could be seen everywhere and the song of the Little White Dove of Peace could be heard. The demonstrators demanded peace and freedom while waving Russian flags in common with an aggressor who is trampling on freedom in Russia. They flew the flag of the GDR and were clearly not bothered by the unbridled capitalism in Putin's empire. The political compass needle turned freely that afternoon in Frankfurt (Oder) – and by no means only there and on that day.

1 Zwei Frauen tragen Plakate mit der Aufschrift „Für unsere Freiheit und die unserer Kinder" und „Stoppt den Krieg, die Inflation und den Corona-Wahn" bei einer Demonstration am 3. Oktober 2022 in der Innenstadt von Frankfurt (Oder).
Two women carry placards reading "For our freedom and that of our children" and "Stop the war, inflation and Coronavirus mania" during a demonstration in the centre of Frankfurt (Oder) on 3 October 2022.

2 Der PDS-Politiker Gregor Gysi spricht am 3. Juni 1996 auf der 19. Montagsdemonstration in Glauchau (Sachsen).
PDS politician Gregor Gysi speaking at the 19th Monday Demonstration in Glauchau (Saxony) on 3 June 1996.

3 „Wir sind das Volk" – das behauptet die rechtspopulistische Wählervereinigung „Pro Chemnitz", deren Anhänger im September 2018 vor dem Karl-Marx-Denkmal demonstrieren.
"We are the people" – this is claim of Pro Chemnitz, a right-wing populist voters' association whose supporters demonstrate in front of the Karl Marx Monument in September 2018.

2

Wir sind das Volk!
Freiberg + Brand-Erbisdorf unterstützt Glauchau!

3

CHEMNITZ
IST WEDER GRAU
WIR SIND DAS VOLK

4

4 Bei einer Pegida-Kundgebung in Dresden im Januar 2015 vergleicht ein Demonstrant die politische Situation in (Ost)Deutschland mit dem niedergeschlagenen Volksaufstand in der DDR 1953 und der Friedlichen Revolution 1989.
At a Pegida rally in Dresden in January 2015, a demonstrator compares the political situation in (East) Germany with the suppressed popular uprising in the GDR in 1953 and the Peaceful Revolution in 1989.

5 „Schreib´ Geschichte!" und „Vollende die Wende! 1989–2019" – die rechtspopulistische AfD stellt sich zur Bundestagswahl 2019 in die Tradition der friedlichen Revolutionäre von 1989. Die Linke, die ostdeutsche Protestpartei der 1990er Jahre, hat dem politischen Konkurrenten wenig entgegenzusetzen.
"Write history!" and "Complete the peaceful revolution!" 1989–2019 – the right-wing populist AfD party places itself in the tradition of the peaceful revolutionaries of 1989 for the 2019 Bundestag elections. DIE LINKE, the East German protest party of the 1990s, has little to offer in response to its political rival.

VIDEO

Wende 2.0: Wie die AfD im Osten Wahlkampf macht.
Wende 2.0: How the AfD campaigns in the East.
YouTube/tagesschau, 4. August 2019, 3:18 Min.

5

WENDE_2.0
SCHREIB'
GESCHICHTE!
1989 | 2019
VOLLENDE
DIE WENDE!
AfD
WUT
allein bringt das
Land nicht weiter.
DIE LINKE.

6 Berlin, im September 2007: Demonstration gegen die Verschärfung der Sicherheits- und Überwachungsgesetze. Das Transparent stellt Bundesinnenminister Wolfgang Schäuble in eine Reihe mit dem DDR-Minister für Staatssicherheit Erich Mielke.
Berlin, September 2007: Demonstration against the tightening of security and surveillance laws. The banner compares Federal Minister of the Interior Wolfgang Schäuble with GDR Minister for State Security Erich Mielke.

Gleichgewicht
Balance

Wie soll künftig im öffentlichen Raum an die Friedliche Revolution und die deutsche Wiedervereinigung erinnert werden? Die Zeit der bronzenen Heldenfiguren ist vorbei. Doch Erinnerung braucht einen Ort. Deshalb beschloss der Bundestag 2007, ein Denkmal für die Ereignisse von 1989/90 zu errichten.

Ein langer und steiniger Weg begann, an dessen Ende nun der Bau einer riesigen Wippe steht. Diese hat ein Stuttgarter Architekturbüro als eine 50 Meter lange, begehbare Schale entworfen, die sich je nach Laufrichtung der Besucher hebt und senkt. Sie soll die symbolische Aufforderung an die Bürger sein, sich gemeinsam für die Demokratie in Bewegung zu setzen. Als Standort wurde der Platz neben dem neuen Humboldt-Forum am wiederaufgebauten Berliner Schloss gewählt.

Es gab viele Einwände und praktische Schwierigkeiten. Erhebliches Aufsehen erregte die notwendige Umsiedlung von Fledermäusen. Mittlerweile sind die Bauarbeiten weit fortgeschritten. Das Denkmal soll in absehbarer Zeit der Öffentlichkeit übergeben werden. Der Name „Einheitswippe" gefällt den Gestaltern nicht. Doch darüber entscheidet der Berliner Volksmund. Auch das ist Demokratie.

How should the Peaceful Revolution and German reunification be commemorated in public spaces in the future? The time of bronze hero figures is over. But remembrance needs a place. That is why the Bundestag decided in 2007 to erect a memorial to the events of 1989/90.

A long and rocky road began, at the end of which now stands the construction of a giant seesaw. A Stuttgart architectural firm designed it as a 50-metre long, walkable bowl that rises and falls depending on the direction in which visitors are walking. It is meant to be a symbolic invitation to citizens to get moving together for democracy. The site chosen is the square next to the new Humboldt Forum in the rebuilt Berlin City Palace.

There were many objections and practical difficulties. The necessary relocation of bats caused a considerable stir. In the meantime, the construction work is well advanced. The monument is to be handed over to the public in the foreseeable future. The designers do not like the name Einheitswippe (unification seesaw). But that is for the people of Berlin to decide. That, too, is democracy.

Ihre Meinung ist gefragt! Wir freuen uns auf Ihr Feedback zur Ausstellung.
We want to hear your opinions! We look forward to your feedback on the exhibition.

1 Eine Projektion des geplanten Freiheits- und Einheitsdenkmals.
A projection of the planned Freedom and Unity Monument.

Informationen zur Ausstellung

Die Friedliche Revolution von 1989 war die Voraussetzung für die Überwindung der Teilung Deutschlands, die 1949 ihren staatlichen Ausdruck gefunden hatte. Im Jahr 2024 liegen beide Ereignisse 35 bzw. 75 Jahre zurück. Aus diesem Anlass zeigt die Bundesstiftung zur Aufarbeitung der SED-Diktatur die Ausstellung „Aufarbeitung. Die DDR in der Erinnerungskultur". Autoren der Ausstellung sind Dr. Stefan Wolle, Wissenschaftlicher Direktor des DDR-Museums, und Dr. Ulrich Mählert, Historiker der Bundesstiftung Aufarbeitung. Die Ausstellung präsentiert 19 prägnante Texte und 110 Fotos und Faksimiles. Die Projektleitung in der Bundesstiftung teilten sich Clara Marz und Dr. Ulrich Mählert. Für die Gestaltung zeichnete der Leipziger Grafiker Dr. Thomas Klemm verantwortlich. Produktion und Vertrieb: Druck + Verlag Ernst Vögel GmbH, Stamsried.

Information about the exhibition

The Peaceful Revolution of 1989 was the prerequisite for overcoming the division of Germany into two separate states in 1949. 2024 will see the 35th and 75th anniversaries of these two events. To mark the occasion, the Federal Foundation for the Study of the Communist Dictatorship in Germany is presenting the exhibition Aufarbeitung. Coming to Terms with the Communist Past in Germany. The authors of the exhibition are Dr Stefan Wolle, scientific director of the DDR Museum, and Dr Ulrich Mählert, historian at the Federal Foundation for the Study of the Communist Dictatorship in Germany. The exhibition presents 19 concise texts and 110 photos and facsimiles. The co-project managers at the Federal Foundation were Clara Marz and Dr Ulrich Mählert. The Leipzig graphic artist Dr Thomas Klemm was responsible for the design. Production and distribution: Druck + Verlag Ernst Vögel GmbH, Stamsried.

Begleitmaterial

QR-Codes auf den Ausstellungstafeln ermöglichen den Zugang zu kurzen zeitgeschichtlichen Filmdokumenten. Umfangreiches didaktisches Begleitmaterial steht auf der Website www.bundesstiftung-aufarbeitung.de/dieausstellung2023 zum kostenlosen Download bereit. Erarbeitet wurden die Handreichungen von Studiendirektor Dr. Helge Schröder. Er ist Fachseminarleiter für Geschichte und Politik an einem Hamburger Gymnasium und Mitarbeiter am Landesinstitut für Lehrerbildung und Schulentwicklung.

Accompanying material

QR codes on the exhibition panels provide access to short contemporary film documents. Extensive accompanying didactic material is available for free download on the website www.bundesstiftung-aufarbeitung.de/dieausstellung2023. The handouts were developed by Director of Studies Dr Helge Schröder. He is the head of a history and politics seminar at a Hamburg grammar school and works at the State Institute for Teacher Training and School Development.

Sie möchten die Ausstellung zeigen?

Die Ausstellung „Aufarbeitung" kann in deutscher Sprache als Poster-Set im Format DIN A1 gegen eine geringe Schutzgebühr bestellt werden. Darüber hinaus steht die Schau in weiteren Formaten und Sprachfassungen zur Verfügung. Nähere Informationen: www.bundesstiftung-aufarbeitung.de/dieausstellung2023

You would like to show the exhibition?

The exhibition Aufarbeitung can be ordered in German as a poster set in DIN A1 format for a small nominal fee. In addition, the show is available in other formats and language versions. More information: www.bundesstiftung-aufarbeitung.de/dieausstellung2023

Vielen Dank!

Der Dank der Bundesstiftung Aufarbeitung gilt Harald Schmitt, Maik Gutmann und allen Fotografinnen und Fotografen sowie den Archiven, die Bilder für die Ausstellung zur Verfügung gestellt haben. Besonderer Dank gilt der dpa-Bildagentur picture alliance, namentlich Christoph Grill und Henning Schröder, sowie Sven Riepe von SZ Photo, die die Entstehung mit viel Herzblut und Engagement begleitet haben.

Thank you very much!

The Federal Foundation for the Study of the Communist Dictatorship in Germany would like to thank Harald Schmitt, Maik Gutmann and all the photographers and archives who provided images for the exhibition. Special thanks go to the dpa picture agency picture alliance, namely Christoph Grill and Henning Schröder, as well as Sven Riepe from SZ Photo, who accompanied the development with dedication and commitment.

Bitte beachten!

Alle Fotos, Videos, Texte sowie die Gestaltung der Ausstellung sind urheberrechtlich geschützt und dürfen ohne Zustimmung der Rechteinhaber nicht vervielfältigt, verändert oder anderweitig verbreitet werden. Die Rechteinhaber der Fotos und Videos sind im Bildnachweis auf den Seiten 122f. genannt.

Haben Sie Fragen zur Ausstellung, Lob oder Kritik? Oder haben wir – trotz aller Sorgfalt bei der Bildrecherche – Ihre Urheber- und / oder Verwertungsrechte nicht berücksichtigt? Dann wenden Sie sich bitte an ausstellungen@bundesstiftung-aufarbeitung.de

Please note!

All photos, videos, texts and the design of the exhibition are protected by copyright and may not be reproduced, altered or otherwise distributed without the consent of the copyright holders. The copyright holders of the photos and videos are named in the photo credits on pages 122f.

Do you have any questions about the exhibition, praise or criticism? Or have we – despite all the care we took in researching the images – not taken your copyright and / or exploitation rights into account? Then please contact ausstellungen@bundesstiftung-aufarbeitung.de

BILDNACHWEIS / *PICTURE CREDITS*

01-01: picture alliance/dpa/Arno Burgi; **02-01:** picture alliance/dpa/Britta Pedersen; **02-02:** picture alliance/PAP/Wojciech Kryński; **02-03:** picture alliance/dpa/Lehtikuva Oy cx8908119; **02-04:** José Giribás/Süddeutsche Zeitung Photo; **02-05:** Vladislav Galgonek/CTK Photobank/Süddeutsche Zeitung Photo; **02-06:** Süddeutsche Zeitung Photo/Paul Glaser, 1990; **03-01:** picture alliance/Rainer Oettel; **03-02:** picture alliance/dpa/Wolfgang Kumm; **03-03:** BArch/Bild 183-1990-1228-025/Karl-Heinz Schindler; **03-04:** picture alliance/Zentralbild/Reinhard Kaufhold; **03-05:** Paul Glaser/Süddeutsche Zeitung Photo; **03-06:** Harald Hauswald/Ostkreuz/Bundesstiftung Aufarbeitung; **04-01:** picture alliance/Ulrich Baumgarten; **04-02:** picture alliance/ullstein bild/Wolfgang M. Weber; ***04-03:*** picture alliance/ZB/Siegfried Wittenburg; **04-04:** Rolf Zöllner/Süddeutsche Zeitung Photo; **04-05:** Bundesarchiv/Bild 183-1990-0503-027/Ralph Hirschberger; **04-06:** Bundesarchiv/Bild 183-1990-0611-028/Friedrich Gahlbeck; **05-01:** picture alliance/akg-images/Henning Langenheim; **05-02:** picture alliance/AP Photo/Jockel Finck; **05-03:** picture alliance/akg-images/Henning Langenheim; **05-04:** picture alliance/ZB/Bennot Bartocha; **05-05:** Bundesstiftung Aufarbeitung/Detlev Putzar; **05-06:** Harald Hauswald/Ostkreuz/Bundesstiftung Aufarbeitung; **06-01:** picture alliance/Zentralbild/Thomas Schulze; **06-02:** Daniel Biskup/Bundesstiftung Aufarbeitung; **06-03:** picture alliance/dpa/Peer Grimm; **06-04:** Maik Gutmann, Graal-Müritz; **06-05:** picture alliance/dpa/Johann Müller; **06-06:** Bundesstiftung Aufarbeitung/Ulrich Mählert; **07-01:** Deutscher Bundestag/Michael Ebner/Meldepress; **07-02:** picture alliance/dpa/Andreas Altwein; **07-03:** Presse- und Informationsamt der Bundesregierung/Dähmlow; **07-04:** Deutscher Bundestag/Werner Schüring; **07-05:** picture alliance/dpa/Martin Gerten; **07-06:** Gestaltung Thomas Klemm; **08-01:** picture alliance/ZB/Jens Kalaene; **08-02:** picture alliance/ZB/Ulrich Hässler; **08-03:** picture alliance/ZB/ddrbildarchiv.de/Robert Grahn; **08-04:** picture alliance/ZB/Ernst-Ludwig Bach; **08-05:** picture alliance/ZB/Jan Bauer; **08-06:** picture alliance/ZB/Matthias Hiekel; **09-01:** Bundesstiftung Aufarbeitung/Klaus Mehner; **09-02:** Paul Glaser/Süddeutsche Zeitung Photo; **09-03:** Bundesstiftung Aufarbeitung/Klaus Mehner; **09-04:** picture alliance/ZB/Paul Glaser; **09-05:** picture alliance/dpa-Zentralbild/Peter Endig; **09-06:** picture alliance/dpa/Fabian Sommer; **10-01:** picture-alliance/Herve Champollion/akg-images; **10-02:** picture alliance/dpa/Wolfgang Kumm; **10-03:** picture alliance/dpa/AFP; **10-04:** picture alliance/ZB/Andreas Altwein; **10-05:** picture alliance/ZB/Jens Kalaene; **10-06:** picture alliance/dpa/Arno Burgi; **11-01:** picture alliance/dpa/Bernd Settnik; **11-02:** DER SPIEGEL 13/1990; **11-03:** picture alliance/imageBroker/Rolf Zöllner; **11-04:** picture alliance/ dpa/ Wolfgang Kumm; **11-05:** RHG/Rolf Walter/RHG_Fo_HAB_11621; **11-06:** picture alliance/ dpa-Infografik; **12-01:** picture alliance/dpa/ADN Zentralbild/N.N.; **12-02:** picture alliance/ ZB/Bernd Settnik; **12-03:** DER SPIEGEL 52/1991; **12-04:** picture alliance/ZB/Karlheinz Schindler; **12-05:** Bundesstiftung Aufarbeitung; **12-06:** picture alliance/dpa-Zentralbild/ Bernd Settnik; **13-01:** picture alliance/ZB/Heinz Hirndorf; **13-02:** picture alliance/dpa/ Steiner; **13-03:** picture alliance/ZB/Ralf Hirschberger; **13-04:** picture alliance/ZB/Jens Kalaene; **13-05:** picture alliance/ZB/Ralf Hirschberger; **13-06:** picture alliance/dpa/Patrick Pleul; **14-01:** picture alliance/ZB/Michael Richter; **14-02:** Bundesstiftung Aufarbeitung/ Harald Schmitt; **14-03:** Rolf Zöllner/Süddeutsche Zeitung Photo; **14-04:** picture alliance/ ZB/Waltraud Grubitzsch; **14-05:** picture alliance/dpa/Jens Kalaene; **14-06:** BauNetz; **15-01:** ESA/NASA-M.Maurer; CC BY-NC-SA 2.0; **15-02:** Bundesstiftung Aufarbeitung/Jürgen Nagel; **15-03:** picture alliance/dpa/Peter Endig; **15-04:** picture alliance/ dpa/dpaweb/Wolfgang Kumm; **15-05:** picture alliance/dpa; **15-06:** Fernweh-Park „Signs of Fame"; **16-01:** picture alliance/dpa-Zentralbild/ZB/Arno Burgi; **16-02:** DDR Museum; **16-03:** Harald Schmitt; **16-04:** picture alliance/dpa/Uli Deck; **16-05:** picture alliance/ ZB/ Jens Büttner; **16-06:** picture alliance/dpa/Waltraud Grubitzsch; **17-01:** picture alliance/ dpa/dpa-Zentralbild/Jan Woitas; **17-02:** picture alliance/dpa/dpaweb/Soeren Stache; **17-03:** picture alliance/United Archives; **17-04:** picture alliance/dpa/Hubert Boesl; **17-05:** Deutsche Botschaft Pristina; **17-06:** Netflix; **18-01:** Bundesstiftung Aufarbeitung/Harald Schmitt; **18-02:** Harald Hauswald/Ostkreuz/Bundesstiftung Aufarbeitung; **18-03:** picture alliance/dieKleinert.de/Schwarwel; **18-04:** picture alliance/ZB/Hubert Link; **18-05:** Clara Marz/Statista 2022. Quelle: ZDF Politbarometer; **18-06:** picture alliance/dpa/Heiko Rebsch; **19-01:** picture alliance/dpa/Patrick Pleul; **19-02:** picture alliance/ZB/Jan-Peter Kasper; **19-03:** Daniel Biskup/Bundesstiftung Aufarbeitung; **19-04:** Daniel Biskup/Bundesstiftung Aufarbeitung; **19-05:** picture alliance/dpa/Tim Brakemeier; **19-06:** picture alliance/ZB/Sascha Steinach; **20-01:** picture alliance/dpa/BBR

Ausstellungen der Bundesstiftung Aufarbeitung

MILITÄR UND GESELLSCHAFT
IN DEUTSCHLAND SEIT 1945

Der Kalte Krieg
Ursachen Geschichte Folgen
Eine Ausstellung des Berliner Kolleg Kalter Krieg
und der Bundesstiftung zur Aufarbeitung der SED-Diktatur

DER KOMMUNISMUS
IN SEINEM ZEITALTER
EINE AUSSTELLUNG VON GERD KOENEN HERAUSGEGEBEN VON DER BUNDESSTIFTUNG ZUR AUFARBEITUNG DER SED-DIKTATUR UND DEM DEUTSCHEN HISTORISCHEN MUSEUM

VOLL DER OSTEN
Leben in der DDR
Eine Fotoausstellung von Harald Hauswald
mit Texten von Stefan Wolle
Gaststätte
Kulturhaus

DIE MACHT DER GEFÜHLE
DEUTSCHLAND 19 | 19
LIEBE

UM BRUCH OST
Lebenswelten im Wandel
Eine Ausstellung zur Geschichte der deutschen Einheit
OST

Von der Friedlichen Revolution zur deutschen Einheit

Eine Ausstellung von Ulrich Mählert, herausgegeben von der Bundesstiftung zur Aufarbeitung der SED-Diktatur und dem Beauftragten der Bundesregierung für die neuen Bundesländer (2019)

From Peaceful Revolution to German Unity

An Exhibition by Ulrich Mählert, organised by the Federal Foundation for the Study of the Communist Dictatorship in Germany and of the Federal Government Commissioner for the New Federal States (2019)

Umbruch Ost. Lebenswelten im Wandel

Eine Ausstellung zur Geschichte der deutschen Einheit. Konzeption und Text: Stefan Wolle. Herausgegeben von der Bundesstiftung zur Aufarbeitung der SED-Diktatur und dem Beauftragten der Bundesregierung für die neuen Bundesländer (2020)

Transformation EAST. Lives in Transition

An exhibition on the history of the reunification of Germany. Conception and text: Stefan Wolle. Published by the Federal Foundation for the Study of the Communist Dictatorship in Germany and the Federal Government Commissioner forthe New Federal States (2020)

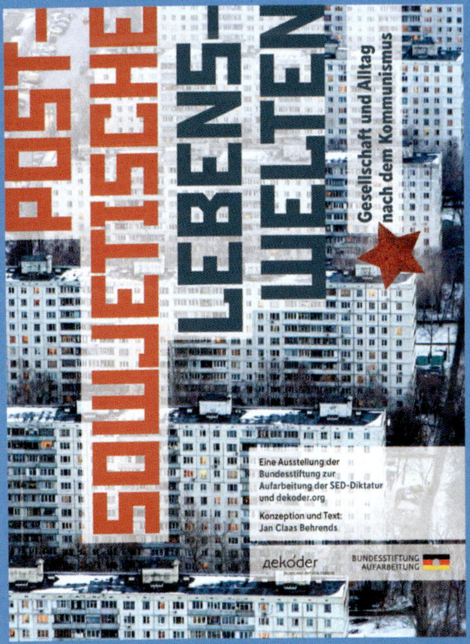

Postsowjetische Lebenswelten. Gesellschaft und Alltag nach dem Kommunismus.

Eine Ausstellung der Bundesstiftung zur Aufarbeitung der SED-Diktatur und dekoder.org. Konzeption und Text: Jan Claas Behrends (2021)

The Post-Soviet Experience. Society and Everyday Life after Communism

An exhibition by the Federal Foundation for the Study of the Communist Dictatorship in Germany and dekoder.org. Concept and Content: Jan Claas Behrends (2021)

Leseland DDR

Eine Ausstellung der Bundesstiftung zur Aufarbeitung der SED-Diktatur von Stefan Wolle (2022)

Land of Reading: GDR

An exhibition of the Federal Foundation for the Study of the Communist Dictatorship in Germany by Stefan Wolle (2022)

17. Juni kompakt. Der Volksaufstand in der DDR 1953

Eine Ausstellung der Bundesstiftung zur Aufarbeitung der SED-Diktatur von Clara Marz (2023)

17 June 1953 in brief. The people´s uprising 1953

An exhibition by the Federal Foundation for the Study of the Communist Dictatorship in Germany by Clara Marz (2023)